nF418130

Tabú
LO QUE NUNCA NOS ENSEÑARON

CHAMALÚ

A Samy Aviles,

por su fervor de crecimiento.

ISBN 978-958-46-0236-7

PRÓLOGO

Demoró más de lo habitual tomar la decisión de escribir este libro. Si lo escribo, sumaré enemigos, si guardo silencio, mi consciencia dejará de confiar en mí y abandonaré el terreno de la coherencia.

Cuando regresé de aquel viaje, cuando atravesé las cuatro estaciones en pocos meses, dando una vuelta entera al planeta, no solo constaté la circularidad de la Tierra, pude también, ver conmocionado, que el mundo está como está.

Se nota que la estupidez fue globalizada, que fuimos cuidadosamente entrenados para sufrir; percibí también que se puede vivir sin reflexionar, que es posible destruir el planeta y a uno mismo con total impunidad. Está nítida la oscuridad y el silencio ausente; ese jardín transparente, donde cada uno solía encontrarse con uno mismo, fue hecho pedazos y echado a la basura, por tanta sonoridad intrascendente.

La inquisición quedó clausurada por inactividad: ahora cada uno es su propio verdugo. Se nota que la infelicidad se expande y que el conformismo alcanza niveles de normalidad; se percibe que la gente fue vaciada de identidad y que el vacío se administra consumiendo, llenándose de cosas por fuera, en festín efervescente que, cual ritual de mal gusto, reduce el estilo de vida a una autómata rutina; ahora no importa la esencia, el look es lo más importante, nos dicen.

Quiero compartir contigo lo que vi, quiero contarte mis principales sospechas, el mundo está como está, no por un designio malvado ni por un destino inmodificable, sino porque hay intereses que insisten en ver a la humanidad como un simple mercado.

Da la impresión que un día, los que dirigen el mundo, se reunieron en cónclave secreto y separaron a un lado todo lo importante, para descartarlo o prohibirlo y, al otro lado, lo secundario, lo inservible, lo innecesario y con eso se empezó a formar a las nuevas generaciones, de manera que ellas, cada vez más temprano, se aburran o depriman, se alcoholicen o droguen. Es como si no se quisiera educar de verdad a los jóvenes, para que sigan siendo un buen mercado; es decir, para que no se den cuenta de lo que pasa, para que tengan necesidades innecesarias, para que no sepan vivir y se limiten a cometer errores, en un contexto de incipiente lucidez e indisimulable ignorancia de lo que precisan saber: aprender a vivir bien.

Eso es el TABÚ, lo que nos prohíben directa o indirectamente, lo que cuidadosamente se evita enseñar, lo que sutilmente se descarta, lo que no se toma en cuenta, para fabricar una normalidad anormal. Es probable que este libro sea prohibido en algunos lugares, esa será la prueba de lo que sostenemos aquí.

Sigamos describiendo al mundo y sus encantadoras aberraciones. Quiero aclarar que considero a la vida lo más hermoso que podrá ocurrirnos y, precisamente, en rescate de esa vida que extrañamos, colocamos sobre la mesa la urgencia de darse cuenta de todo lo importante que nos prohibieron aprender. Eso explica, desde nuestro punto de vista, por qué el mundo está como está.

La Tierra se asfalta, la gente olvida que caminar descalzos energiza el cuerpo. La infelicidad parece incansable, se multiplica por todas partes; cada uno se traslada en su auto, 50 caballos de fuerza para mover 60 u 80 kilos; la estupidez no genera alarma, está normalizada, al igual que la infelicidad; se rumora que ser feliz es imposible.

Las ciudades y sus urbanizaciones, creen como el cáncer, las mega ciudades son la fase terminal de una civilización, que no aprendió a vivir.

Viajando por el mundo, vi gente viviendo una mentira, jóvenes apagando sus vidas prematuramente, con ayuda de cadenas de diversos colores; encontré casas vacías de hogar, hogares vacíos de amor, amor descafeinado por el miedo y contaminado por el apego; vi existencias podridas por el consumismo, corroídas por un sinsentido que mata el alma y devuelve la circulación el cuerpo, graduado de zombie.

He visto miedos deslizarse por los cuerpos, bloqueándolos para el amor; he contemplado, no sin sorpresa, cómo las viejas mentiras fueron reeditadas, que continúan cambiando, en trueque nefasto, el oro de nuestra vida por espejitos de marca, tan innecesarios como inservibles. He visto jóvenes que no supieron ser libres, que degradaron su libertad en libertinaje y, en ese absurdo contexto, se fabricaron celdas con adicciones. He visto gente mirando a la vida, desde fuera de la vida.

He visto también gente suicidándose, de golpe o poco a poco, la mayoría estaba bien económicamente, quizá constataron que el dinero no otorga felicidad ni garantiza amor, ni sabiduría, ni siquiera sirve para comprar salud.

Al principio, no podía comprender lo que estaba sucediendo, me negué a creer cómo tanto potencial, tanta inteligencia, tanta energía solo se usaba para hacerse daño y molestar a los demás.

No recuerdo haber encontrado gente feliz, últimamente supe de una, la habían llevado al manicomio. Cuando fotografiaba a un mendigo, una mujer, desde su ventana, gritó algo en su idioma; la sociedad recomienda aparentar normalidad, no importa que no seas feliz, con que sepas disimularlo, es suficiente, nos aconsejan.

Y mi viaje, alrededor de la humanidad inhumanizada continúo. Ella vivía con la voz clausurada, el machismo había profanado sus derechos e impuesto arresto domiciliario, estaba totalmente cubierta, detrás de la infinita ropa no había nada, nada más que tristeza. Recuerdo a la joven que se prostituía con ayuda de su mamá; era joven, hermosa, su inocencia fue violada, empezó la vida a golpes, sobrevive aplastada por un estilo de vida que enseña que lo más importante, es el dinero.

Rememoro también niños buscando bombas enterradas en pasadas guerras, para venderlas como metal…, cuando no estallan en sus manos. Un anciano, de infinitas arrugas, observa la calle sin ver a nadie, quizá intenta comprender qué pasó con su vida, ayer era joven, hace unas horas parecía tener media vida por delante y ahora veía marchitarse su energía, fugarse sus horas, como personas corriendo por la calle de su existencia.

Un joven descalzo lava el auto rojo de un obeso, que aprovecha la circunstancia para sacar de paseo, a pie, a su soberbia. Hay quienes confunden felicidad con dinero, no es necesario comer más de lo necesario; sospecho que por cada obeso, hay decenas de desnutridos y algún muerto de hambre.

La madre intentó venderme a su hija y cuando me negué a la extraña transacción, quiso regalármela; quizá la pobreza sea el peor dictador que nos obliga a hacer lo impensable. Quizá tendríamos que prohibir la pobreza y la riqueza, o imponer solidaridades que eviten el derroche descarado, enfrente de los más carentes.

Cada vez que veo un tanque o avión de guerra, imagino en su reemplazo, decenas de hospitales y escuelas, millones de kilos de alimentos repartidos a los hambrientos.

También vi vidas colgadas de su fanatismo, personas prisioneras de sus creencias, vi gente con la esperanza destrozada, jóvenes que perdieron la capacidad de soñar.

Es mi tercer hijo, confesó, ella tenía 20 años y aún no había despertado a la vida. Pensé en la explosión demográfica, recordé el experimento con ratones, muchos en poco espacio empiezan a comerse unos a otros. ¿Será el canibalismo la próxima etapa en la involución de la humanidad?

Por algún motivo, algunos evitan invitarme por segunda vez a dar conferencias, quizá para ellos es incorrecto reflexionar, tal vez consideran agresiva la crítica; sin embargo, si no desarrollamos nuestra capacidad crítica y autocrítica, seremos tortugas sin caparazón y nos graduaremos de ingenuos, destruyendo nuestra vida. Hay tantas mentiras circulando por las calles de este tiempo...

Era otra mujer, no recuerdo en qué país, me pidió una moneda, la invité a comer, hace meses no comía caliente, me contó su vida, solo esperaba una oportunidad educativa, tenía 45 años, no sabía leer, ella miraba a los estudiantes descuidar el estudio y elegir el alcohol.

El taxista que me condujo del aeropuerto al hotel era de Somalia, "allá tenemos que secuestrar extranjeros para sobrevivir", me explicó. Me contó que la Tierra ya no produce, lo mismo me dijo un ecologista de Mongolia y mi amigo libanés; en Alaska los glaciares se derriten, el planeta se calienta, los corales no lo soportan y se mueren. Mientras lees estas páginas, miles de árboles de las últimas selvas son cortados y convertidos en mercancía.

Tenemos que tomar nota del tiempo que nos tocó vivir. Hago una pausa, se mundializó la infelicidad, ahora ya todos somos iguales.

Nunca me gustó que me mintieran, por ello, quiero en este libro, compartir todo lo que nunca me enseñaron en la escuela, todo lo que finalmente descubrí: se trata de medio centenar de aprendizajes fundamentales para aprender a vivir, que nunca nos enseñaron, medio centenar de claves, herramientas, conocimientos y habilidades que cuidadosamente evitaron enseñarnos. En su reemplazo, nos robaron gran parte de nuestra vida, aprendiendo y asimilando información inservible.

¡Cuántas cosas hemos aprendido, que no sirven para nada! ¡Cuánto tiempo y energía desperdiciados!

Recuerdo que ella me dijo: solo pido una oportunidad.

Quizá este libro sea esa oportunidad que estabas esperando, quizá estás a tiempo de salir del atasco existencial y refundar tu vida. En ese sentido te propongo prepararte. A continuación, te invito a acompañarme y transitar conmigo los senderos prohibidos de todo aquello que nunca nos enseñaron y que resultó ser la clave para descubrir la vida.

Un día, la juventud será un recuerdo, otro día, nos tocará partir. Es el camino que todos transitamos. Para ese instante definitivo, tenemos que estar preparados y poder decir, en el momento final: "Que bien he vivido".

A ese supremo objetivo quiere contribuir este libro, ayudándote a aprender, cuanto antes, el sagrado arte de vivir, demoliendo con tu ayuda el TABÚ que te impide vivir plenamente.

Lima, 24 de Octubre de 2011

Introducción

Permití que pasaran varios años de reflexión antes de escribir este libro, en el cual, a manera de visión antológica, enumero mis principales discrepancias con un sistema social y un modo de vida y de educación, que considero responsable de la situación a la que hemos llegado como humanidad.

Quizá para algunos sea una crítica demasiado rigurosa, tal vez me vean como muy radical, intransigente; sin embargo, luego de haber viajado por todo el mundo, de haber asistido a centenares de conferencias, de haber impartido infinidad de seminarios y respondido miles de preguntas, he llegado a algunas conclusiones provisionales, pero totalmente válidas por ahora: el mundo adolece de una enfermedad terminal autoinducida por algunos (más interesados en continuar lucrando que en encontrar verdaderas alternativas de solución).

Vivimos prisioneros de las corporaciones que nos venden basura y nos imponen una forma de pensar, de manera que terminemos necesitando lo mismo y avergonzándonos de cualquier identidad y antecesor distinto al occidental. Vivimos en una sociedad donde es necesario, para ser considerado normal, ser una oveja más del rebaño, acrítico, individualista, infeliz, enfermo y cotidianamente estúpido. Esa labor educativa y socializadora, ese convertirnos en ciudadanos, está en manos de la familia en primer lugar, luego de la escuela y los medios de comunicación, con el apoyo anestésico de las religiones que inducen al fanatismo y siembran en los jardines de los corazones jóvenes, las semillas del conformismo y la resignación.

Sin embargo, todo esto que aludimos pasa desapercibido; es decir, la gente no se da cuenta, de manera que quien se refiera al respecto, corre el riesgo de ser considerado sospechoso o incluso loco. Asumimos ese riesgo, tomamos una vez más la palabra y te invitamos a reflexionar junto con nosotros, a mirar lo que está ocurriendo, serenamente y de manera crítica, atreviéndonos a repensarlo todo. En este sentido, convocamos a un acto de valor y a liberarse del temor a la disidencia, ser rebeldes a esta altura de la humanidad, ya parece ser un acto de dignidad y supervivencia.

Comencemos admitiendo la mediocridad en medio de la cual navegamos, océanos de mediocridad, que en los últimos tiempos adquirieron forma de dictadura que condena el talento y la lucidez, la creatividad y cualquier forma de espíritu crítico. Se recomienda -sin decirlo- no pensar, no reflexionar, no forjarse una actitud crítica; se recomienda -sin decirlo- no apartarse del rebaño, hacer lo que todos hacen, pensar según los estándares recomendados, vestir como todo el mundo y vivir dentro de lo que hoy se acepta como normal. Tampoco está bien visto soñar, más aún, atreverse a soñar un mundo Nuevo, un futuro diferente, porque ello podría atentar contra el orden establecido que precisa repetidores y no creadores, gente sumisa y no rebeldes prácticos con capacidad de transformación.

En este sentido, con el respaldo educativo de las familias, las escuelas y universidades, los medios de comunicación y las religiones, las nuevas generaciones, esas multitudes de jóvenes tantas veces alabadas o criticadas, deambulan miserablemente, extraviados en sus dilemas existenciales, con una vida sin sentido y coleccionando adicciones, precisamente porque no fueron educados para una vida con lucidez y felicidad, sino para una existencia rutinaria y consumista, frívola e intrascendente, donde la banalidad es lo cotidiano y el individualismo la manera. A las nuevas generaciones se les extirpó desde pequeños, la capacidad de soñar, se los volvió insensibles y acríticos, se les privó de todo vestigio de autoconocimiento y sentido estético y así, mutilados, ciegos y consumistas, se los devolvió al mundo convertidos en ciudadanos, con algunas destrezas para generar recursos, para continuar con sus necesidades a menudo innecesarias, alimentando un sistema que terminará destruyéndolos.

En ese contexto prolifera la epidemia de la drogadicción y otras adicciones que solo son la anestesia con la cual se adormece el dolor del alma por una existencia sin sentido ni plenitudes. Y proliferan el suicidio, la infelicidad, las enfermedades degenerativas, porque todo está conectado, porque somos los mismos con un cuerpo que somatiza enfermedades, con un espíritu que nadie comprende, con una mente que nadie conoce, con unas emociones que nadie aprendió a controlarlas y direccionarlas adecuadamente y con una capacidad de interactuar con el otro que quedó brutalmente atrofiada y distorsionada por esa constante apología del individualismo que nos convierte en grotescos seres incapacitados para la solidaridad, enceguecidos con nuestras propias necesidades egoístas y ciegos respecto a un futuro que se torna cada vez más incierto, pero que casi nadie parece capacitado para decodificarlo y hacer algo al respecto.

Estamos conscientes que resulta más fácil de identificar los problemas y diagnosticar la situación, que implementar soluciones y tratamientos, sin embargo, no abandonaremos el optimismo ni renunciaremos a soñar un país ecológico, un mundo más humano y un futuro diferente. Hace poco en una entrevista televisiva me preguntaban: "Chamalú, según Ud., ¿qué está mal?", y respondí: "Solamente todo". Y en verdad estoy convencido que está mal la educación y la familia que reproducen una sociedad aberrante y deshumanizada; está mal la medicina comercial que privilegia el lucro sobre la salud; está mal la agricultura que garantiza la erosión de la tierra y la contaminación de los alimentos mientras genera ganancias para los inversores; está mal la manera cómo nacen los niños y el que no haya especialistas en salud en la medicina, ni expertos en felicidad en la psicología; está mal que no se enseñe lo que toda persona debe saber para vivir bien y que las religiones nos distraigan con un supuesto más allá cuando el más acá, esto que nos está ocurriendo, el ahora real que es lo único que tenemos, permanezca descuidado y abordado sin preparación; está mal que en nombre del progreso destruyamos al planeta y que se acepte como normal el consumismo; está mal que no haya solidaridad y, en su reemplazo, el egoísmo se pasee impune por las calles de este presente asfaltado de injusticia e hipocresía; está mal que los líderes políticos sean miopes o que no quieran ver el futuro y que sean sirvientes de las multinacionales; está mal que no se enseñe ecología en los centros educativos y que se hable de desarrollo sin criterio ni sensibilidad ecológica; está muy mal que sigamos hablando de futuro como si este fuera seguro; está mal este modelo de desarrollo que para desarrollar tiene que destruir a la gente, a las demás especies y al planeta entero; y está mal que casi nadie sea feliz ni logre vivir sano.

En este sentido, podríamos hacer un largo inventario de todo aquello que no funciona porque simplemente no funciona, pero vamos a referirnos solamente a uno más: el matrimonio, es decir, el modelo de pareja de cuyo caos emergen tantos jóvenes mal educados, sin valores adecuados y con ejemplos de infelicidad y autodestrucción que luego aplicarán a sus vidas. Seamos claros: hemos llegado al punto que no funciona casi nada y la posibilidad de seguir vivos con un planeta que nos continúe manteniendo con vida, es cada vez menor. Hace falta tomar decisiones, cambiar modelos de desarrollo y estilos de vida. Quizá aún estemos a tiempo, sin embargo, cada día que pasa se reducen estas posibilidades, ahí radica la urgencia de este libro, una propuesta más: al terminar de leerlo, compártelo y así cada vez que alguien deja de usarlo, que continúe circulando, quizá sean las últimas oportunidades de repensarlo todo, porque de alguna manera el futuro ya ha llegado y nos está pidiendo explicaciones.

Sin embargo, no pretendemos dar respuestas definitivas ni ensayar recetas, las circunstancias exigen una visión integral y una gran sensibilidad para comprender por qué estamos como estamos. En este sentido, afirmamos de manera inicial que en este modelo social se malgasta la energía de las nuevas generaciones, al punto de dejarlas exhaustas y simultáneamente mutiladas, incapaces de soñar, de crear, de encarnar utopías y luchar por ideales como las generaciones anteriores. No crear las condiciones mínimas para que los jóvenes se conozcan y liberen el potencial que traen, equivale a boicotear el futuro del país solo para evitar la incomodidad de presencias lúcidas y rebeldes, de cuestionadores y disidentes capaces de soñar un mundo nuevo. Las sociedades que funcionan de esa manera, se condenan a repetir errores y vivir en rutinas rígidas, autodestructivas; incluso, cuando denominan a esto tradicional, están deteniendo la posibilidad evolucionaria de los pueblos. Sin jóvenes adecuadamente preparados, el futuro estará minado de incertidumbre.

Y la pregunta obligada: ¿cómo salir de este aparente callejón sin salida? Quizá debamos comenzar identificando clara y honestamente aquello que debemos cambiar; precisamos saber a cabalidad todo aquello que no necesitamos más y son tantas las cosas que no precisamos, es más, que nos perjudican, que nos quitan tiempo y energía, que nos hacen luchar en trincheras equivocadas, mientras tanto nuestra vida se pasa, se desvanece, se agota. Y mientras compramos y consumimos, no nos damos cuenta que nos vamos extinguiendo, que nos vamos marchando, que nuestra vida está quedando en el pasado, en el recuerdo de cada vez menos personas que también se van muriendo.

Hay un desconcierto generalizado y después de acudir a la escuela, al colegio, a la Universidad, esto se amplia y se convierte en malestar que es el reflejo de ese vacío existencial al cual fue reducido el humano actual. Y el sinsentido convertido en plaga se pasea por el mundo con total impunidad; al norte, se convierte en obesidad o cáncer; al sur, quizá adquiera forma de sida o de enfermedades por carencias; y en todo el mundo, adicciones, drogas y alcoholismo. El sinsentido ya no puede disimularse, la infelicidad se convirtió en normal pero la gente empieza a sospechar que quizá la vida, era otra cosa y que nos han estado mintiendo todo el tiempo.

De pronto, nos informan que un amigo cercano ha muerto, luego un familiar. Al principio uno se consuela con la idea de que se muere siempre el otro, se rehúsa a pensar en su propia muerte, no se habla del tema en las reuniones familiares, está implícitamente prohibido hablar de la muerte porque ello nos obligaría a referirnos a la vida y..., ¿qué estuve haciendo con mi vida?, ¿qué hice en nombre de la vida? Si nos ponemos a pensar en este sentido, es probable que muchos tiendan a desanimarse, a conflictuarse, a entrar en crisis y esto es lo que el sistema quiere evitar, porque cuando uno está mal y se da cuenta de ello (porque todo el mundo está mal pero no sabe que está mal, porque le hicieron creer que eso es normal, que la vida es así) comienza a reflexionar, a repensarlo todo y, por tanto, a darse cuenta que le estuvieron mintiendo, es más, que no le enseñaron lo más importante que precisábamos saber en la vida, que nunca nos dieron las verdaderas herramientas que nos hacían falta para vivir bien, para conocernos y transformar todo lo necesario, para ser felices y realizarnos como personas.

Es más, cuando abrimos un espacio de reflexión podemos llegar a darnos cuenta que no solo no nos dieron lo que precisábamos saber y a tiempo para vivir bien, sino que nos enseñaron, nos programaron para vivir mal, porque ese estilo de vida es más rentable para los mercaderes de siempre. De eso se ocupará este libro, solo apto para quienes estén dispuestos a vivir su propia transformación.

Entonces, ¿qué hiciste con tu vida?, ¿con todo ese tiempo que no volverá más a estar disponible para ti?, ¿qué hiciste con esa cuantiosa energía que recibiste y con la cual podías hacer tantas cosas? Cuando llegamos a circunstancias reflexivas como estas, no tengamos miedo de poner, si es necesario, todo en tela de juicio; la educación, la familia, la religión, los medios de comunicación y todas las trampas de una sociedad que nos quiere sumisos y consumistas, viviendo toda la vida en la disciplina laboral para que nuestra capacidad de consumo no descienda y podamos continuar alimentando un sistema que funciona a tracción de sangre.

Con frecuencia me pregunto: "si la juventud está como está, ¿quiénes son los responsables?". Todos los errores, las adicciones, el sinsentido y la insatisfacción reinante entre las nuevas generaciones, fue parte de un acuerdo de quienes deciden, que de manera unánime, posibilitaron la convergencia de los jóvenes en estilos de vida autodestructivos. Sin duda, todo lo que presenciamos en las nuevas generaciones es consecuencia de un modelo social que deshumaniza, de un estilo de vida que destruye, de un sistema educativo que no educa, en el sentido etimológico del término, que se limita a programar en función de necesidades de un sistema al que solo le interesa la rentabilidad y no el desarrollo consciencial, ni la felicidad humana.

Y no es solo la educación, también mencionemos rápidamente como consecuencia del estado actual de la juventud, a la familia, al modelo matrimonial que es una escuela de hipocresía y una demostración de infelicidad crónica. Ahí aprenden los niños a ser infelices, a relacionarse de manera conflictiva, ahí aprenden a mentir y auto engañarse. A esto se suman las religiones que cuando todo está a punto de ser insoportable, nos venden parcelas en un supuesto paraíso, nos dicen que soportemos la injusticia y la infelicidad aquí, porque luego, en el más allá, en el paraíso seremos eternamente felices y, de esta manera, se induce al conformismo y la resignación, a dejarlo todo en manos de divinidades y aceptar un supuesto destino, el cual está escrito y, por tanto, solo pasa lo que tiene que pasar. Pero eso no es todo. Nos deformaron en familias infelices, nos confundieron en las escuelas, nos adormecen con las religiones y como si todo ello fuera poco, nos lavan el cerebro, lo poco que queda de creatividad, de lucidez, de sentido común, mediante los medios de comunicación, que con majadera insistencia nos inyectan contenidos y mensajes en función de intereses financieros, sin que importe si por esta programación para el consumismo terminamos enfermos, adictos, en crisis o infelices. De lo que se trata es de vender y para ello, hay especialistas en crear necesidades innecesarias. A esto se llama civilización, de esto muchos están orgullosos, el siglo XXI, sin duda, será recordado en el futuro como ese tiempo oscurantista donde los inquisidores eran en ejercicio democrático votados y elegidos como gobernantes, encargados de guiar los destinos de los pueblos.

Muchas veces me puse a pensar en el efecto que tendrá el contacto cotidiano de profesores y profesoras infelices, con niños pequeños que están obligados a asistir a clases todos los días, encuentros nefastos que siembran las semillas de la infelicidad y el arte de complicarse. Tomando en cuenta que la mayoría de los docentes no son gente feliz, ni con sabiduría, ni siquiera con vocación de enseñanza, ¿qué efecto negativo tendrá en esas mentes frescas que están descubriendo la vida, encontrarse con gente frustrada y mediocre, con personas que ven la vida de una manera chata, depresiva, con gente que no sabe meditar ni reflexionar, con personas que no saben manejar su mente ni sus emociones? Nuestros niños apenas sobreviven a sus hogares y aparece la escuela obligatoria, otorgando pésimo ejemplo como si quisieran demostrar que la vida es eso, mediocridad e infelicidad, mientras se fabrica a los futuros habitantes de las cárceles y los manicomios, a los futuros drogadictos, a los alcohólicos del mañana y a todos aquellos que más temprano que tarde, se habrán suicidado.

Ocurre que el festín grotesco que transcurre cotidianamente en los centros educativos no es ni remotamente un acto educativo sino todo lo contrario, es un show de mal gusto donde se aprende a mentir, a aparentar, a ser individualista y a compararse con el otro; ahí germina la semilla de los complejos de inferioridad y superioridad, ahí se aprende a tener envidia y a complicarse la vida. Después de unos años de estudio, los niños ya pueden ser considerados ciudadanos civilizados, ya aprendieron a mentir y autoengañarse, a aparentar y comprar lo que no necesitan, a sufrir y si pueden, a hacer daño al otro. De por medio están unos contenidos educativos que periódicamente se renuevan para que todo siga igual y unos procedimientos que evalúan la memorización acrítica, la repetición mecánica, el recordar por poco tiempo fórmulas y conceptos que nunca podrán aplicarse en su mayoría a la vida cotidiana. Lo peor de todo es que se aprenden contenidos inútiles mientras se evita cuidadosamente que aprendan a pensar, a reflexionar, a desarrollar desde pequeños un espíritu crítico y creativo. Los jóvenes pueden pasar de curso, pueden incluso ser buenos alumnos y no darse cuenta de lo que están aprendiendo y de lo que no están aprendiendo, de aquello que necesitan para triunfar en la vida. Es que nunca aprendieron a analizar, a conocerse, a planificar la vida, a descubrir las mentiras que circulan por todas partes. Y los años pasan y llegan los diplomas. Lo que no se dice, es que crecieron sin capacidad de soñar, de ser felices, de ser uno mismo; la educación oficial hace un pacto de silencio para que cada uno calle y la falacia continúe.

¿Y la imaginación?..., no gracias, los que deciden decidieron que no son necesarios ni los sueños ni la creatividad. Tampoco son necesario, dijeron sin decir, el contacto energizador con la naturaleza, la cual es vista como mera materia prima para explotar. Es como si le dijeran al joven: "no se mire a sí mismo ni mire a ninguna parte, no sea curioso ni se pregunte, mire televisión y actualmente, dedique todo su tiempo libre al internet y en vez de comunicarse chatee"; para ello no hace falta tener que decir algo, pronto ya ni siquiera serán necesarias muchas palabras, de manera que intercambiando nadas y alimentando vacíos, cada uno permanezca aislado en medio del hacinamiento urbanístico en el que vivimos.

Un joven está bien educado cuando ya ni siquiera tiene la capacidad de estar insatisfecho. Fue aniquilado, le cortaron las alas, le convencieron que la vida es solo esto, el resto es solo cuestión de contagio, para que terminemos haciendo lo que todos hacen, es decir, viviendo una mentira con el visto bueno de los demás que también se volvieron expertos en autoengañarse.

Hace muchos años atrás, cerca de una ciudad de Bolivia, surgió una escuela de sabiduría en forma de comunidad alternativa y ecológica. Desde la arquitectura y los estilos de vida propuestos y vivenciados, desafío al sistema demostrando su carácter inviable y deshumanizante y como no podía ser de otra manera, este intento crítico fue sistemáticamente difamado, combatido, fui acusado de todo lo que puede acusarse a una persona, además de generarse miedo, desconfianza; y en verdad, sus sospechas eran correctas, al igual que Sócrates hace milenios, la gente de esa comunidad estaba dispuesta a rescatar su vida, la de cada uno y tomándola en sus manos, elegir cómo quería vivir. Y eligieron ser felices y se prepararon para ser libres y dejaron el amor libre de mordazas, de miedos e hipocresías y constataron que la mejor manera de cambiar es cambiar y concluyeron que no queda tiempo para esperar. No lograron conseguir todo lo que querían, pero salvaron sus vidas: desde entonces viven como eligieron.

El problema está en los hogares y luego en la educación. La complicación comienza cuando, razonando en la lógica capitalista que privilegia la propiedad privada, los papás se apoderan de sus hijos, es decir los vuelven objetos, cosas apropiables y creen que tienen derecho a decidir por ellos simplemente por recibirles en casa, darles alimentos y mala educación. Hecho el primer daño en el hogar, luego viene la escuela a dar el tiro de gracia y si alguno sobrevive a semejante holocausto, aparecen las religiones y sus calmantes que tranquilizan vía adormecimiento y resignación; el resto, queda en manos de los medios de comunicación que mantienen a la gente ocupada y preocupada, asegurándose que no tenga tiempo para darse cuenta que todo esto, es una mentira.

El sistema sabe que los publicistas pueden convencernos de casi todo. Antes teníamos tan pocas necesidades y ahora resulta que nos falta todo, en especial creatividad para reinventar nuestra existencia. Sabe que lo que hay que hacer es en vez de educar a la gente, programarle, homogeneizarle, para volverle como a los demás; el sistema sabe que es bueno llamar "Era de la comunicación" a este caos incomunicativo donde nadie puede expresarse, nadie tiene nada profundo para decir, nadie tiene tiempo para escuchar ni capacidad siquiera; el sistema sabe que todo está bajo control, siempre y cuando uno esté adecuadamente educado de manera que sepa reprimirse a cabalidad, para no tener que reeditar a los verdugos que ahora en concesión a la asepsia, actúan como inquisiciones que repudian la sangre, es más, los verdugos de ahora son vegetarianos y espirituales, hacen yoga y visten de blanco, como los fariseos de otros tiempo que luego de rezar, pedían crucificar el disidente.

Quienes apostamos por un mundo Nuevo carecemos de publicistas, no tenemos recursos para financiar aparatos propagandísticos, a veces, ya ni siquiera tenemos interlocutores válidos y no nos queda otra alternativa que perturbar a la población para evitar que continúen siendo adormecidos. Con frecuencia nos encontramos con gente que no quiere despertar, incluso con jóvenes que no quieren cambiar y eso resulta dramático porque juventud es cambio por naturaleza, es rebeldía y volverse prematuramente conformistas, equivale a morir dejando el cuerpo fuera del cementerio, dejándolo deambulando, pero sin alma, sin vida. Si todo está al revés en este mundo, es inevitable que seamos infractores. Nosotros sin contar cuántos seamos, continuaremos saliendo a las calles con la imaginación en una mano y un puñado de sueños en la otra, vestidos de valor para decir NO, a lo que no tiene sentido.

Convencieron a los jóvenes que no hace falta ir a las bibliotecas, que es suficiente con que saquen algún apunte breve de internet y para comunicarse sugieren el chat y la comida rápida para no perder tiempo, así se tendrá más tiempo para malgastar. Me deja pensativo ver bibliotecas vacías y jóvenes pasivos. Creo que no había que haber dejado algo tan valioso como las nuevas generaciones en manos de la familia y la escuela; ahora se entiende porqué tanta juventud perdida.

El problema es que nunca se le dijo al joven que no se nace como ser humano, que esto hay que construirlo, que no es suficiente cumplir años y convertirse en mayor de edad, que se trata de SER y ese descubrimiento, esa comprensión, ese conocimiento germinará fuera de las dos instituciones que denunciamos. El águila que no rompe el cascarón nunca podrá volar, es decir nunca podrá ser, será solo y siempre el huevo al que lo llevan de un lado a otro, al que le dicen lo que tiene que hacer, que tienen que pensar por él, porque como adolece de Buena educación, se quedó..., educado y podrido en su conformismo.

Entonces estamos en condiciones de decir que las nuevas generaciones, las de este tiempo, nacen unánimemente huérfanas. Esta orfandad es aprovechada por el sistema, para enseñarles mentiras y conocimientos inservibles, por eso un joven puede terminar sus estudios y no conocerse en absoluto, pero se puede ser incluso un graduado con postgrado incluido y ser un imbécil, un ser con consciencia subdesarrollada e incapaz de gobernar sus emociones o controlar su mente. Quien quiera liberarse de este círculo vicioso, tiene que tener el valor de conocerse a sí mismo y trabajarse, trabajar sobre sí mismo para lograr niveles superiores de consciencia que están al alcance de todos lo que están dispuestos a convertirse en viajeros de su espacio interior, desde el cual saldrán mejor preparados para actuar en un mundo donde las cosas están como están, precisamente por falta de seres humanos lúcidos y con sensibilidad.

Con tristeza he visto que muchos jóvenes prefieren el autoengaño y la banalidad, he visto cuando se les ayudó a abrir la puerta de su celda, venir corriendo para cerrarla de nuevo; he visto gente que está orgullosa de sus cadenas u otros que no se atreven simplemente porque les convencieron que es preferible la celda conocida que una libertad por conocer, como si la vida no fuera una permanente incertidumbre donde lo único seguro fuera lo inseguro. Como si no quisiéramos recordar que todos somos condenados a muerte, pero que antes de ello, somos condenados a la vida, esa vida que solo existe a partir de un presente que es lo único real.

Pero dejemos de lado el olor a moho de esta sociedad y sus instituciones. No les pido que me crean, solo observen. Al ojo atento, las máscaras caen y las mentiras se volatilizan; la abundancia material y financiera de unos explica los millones de hambrientos, de desnutridos; la lógica depredadora de este sistema y su esencia deshumanizante se refleja en las condiciones de vida actuales, incluso su progreso progresa destruyendo, es decir, que cuánto más progresa el capitalismo peor se vive y pronto, ya ni vivir en este expoliado planeta será posible.

Lo que pretendo, a continuación, es realizar un rápido inventario de todo aquello que resulta fundamental aprender para vivir bien y que nunca nos enseñaron. Esto sin duda no es casual, responde a una lúcida visión que busca perpetuar el sistema fabricando zombies consumistas. Te invito a constatar en tu vida y en la de quienes conoces, cada uno de los puntos aquí mencionados, para darte cuenta que realmente somos víctimas de una gran manipulación que nos malgasta la vida mientras destruye el único planeta que tenemos para vivir. Por eso el nombre de TABÚ: lo que mencionamos a continuación son las cosas que no quieren que sepas, saben que sin ellas, tu vida estará en sus manos, pero en el fondo también presienten que cuando alguien se dé cuenta del engaño, germinará su conciencia y nunca más podrán manejarlo desde modas u otras banalidades con las cuales nos tienen distraídos. TABÚ es una denuncia y una propuesta, es reemplazar la pesadilla por sueños inéditos, es ponerle ladrillos a la insatisfacción, es volver a estar vivos, dejando que nuestra libertad trepe todas las prohibiciones necesarias y nos permita ser el cambio que todos esperamos.

SUR DE BRASIL.
DICIEMBRE 2011

1. NOS QUIEREN ENFERMOS

Hemos estudiado tantos años, para algunos casi toda su vida y, sin embargo, nunca se nos enseñó a conservar la salud, más aún, usando métodos naturales y procedimientos diluidos en nuestro estilo de vida cotidiano. Al contrario, se nos enseña todo lo necesario para enfermarnos y, de esta manera, participar del circuito consumista que convierte a cada casa, en una sucursal de las farmacias.

Cada hombre adulto sabe perfectamente cómo tener un infarto, la dieta que conviene a esta circunstancia, el sedentarismo indispensable y las adicciones recomendables. Si se trata de un hombre exitoso, será rápidamente entrenado para vivir presa del estrés, de manera que su éxito sea sinónimo de enfermedad y en muchos casos, de muerte prematura.

Las mujeres fueron programadas para estar enfermas a partir del auto rechazo a su cuerpo. Casi todas quieren entrar al imposible molde de las medidas oficiales en las cuales solo caben tres o cuatro privilegiadas que, sin embargo, un día están en la fama y al poco tiempo son olvidadas, porque todo eso no era más que pura apariencia, culto falaz a estéticas artificiales y vacíos maquillados que esconden, tras una apariencia agradable, un vacío existencial en el cual caen más pronto que tarde.

Nos quieren enfermos y este objetivo se cumple desde la más tierna infancia, cuando en la familia se evita cuidadosamente enseñar a los niños hábitos saludables; al contrario, es normal ver a los padres fumando o consumiendo alcohol y a los hermanos mayores alguna otra droga, variante contemporánea de lo que vieron hacer a sus padres. En la escuela, es normal que los contenidos educativos eviten rigurosamente cualquier alusión a la preservación de la salud. Los jóvenes no tienen que saber cómo mantenerse sanos, porque la gente sana no es buen mercado y con esa lógica se hace circular una infinidad de falacias, de manera que la enfermedad esté siempre presente y cada nueva cirugía sea tema de conversación entre las amistades.

2. ¿LO MATÓ LA ENFERMEDAD, EL DIAGNÓSTICO O EL TRATAMIENTO?

Vivimos prisioneros en un campo de concentración, que al carecer de muros y alambrados electrizados, nos imaginamos libres; sin embargo, las cadenas van por dentro. Cada uno fue programado para ser uno más de un gigantesco engranaje socio-económico que nos maneja vía publicidad, es decir, a control remoto, y nos dice lo que debemos comprar y cómo descansar. Nos diseñan un estilo de vida normal que básicamente enferma, en especial de las llamadas enfermedades de la civilización -occidental, por supuesto-, enfermedades degenerativas que nos atacan desde dentro, generando desequilibrios de los cuales no podremos salir o atacando nuestras defensas de manera que quedemos expuestos a cualquier presencia microbiana, vulnerables, indefensos. Colapsado nuestro sistema inmunológico, solo queda esperar al próximo invasor para que nuestra vida, la única que tenemos de momento, acabe de esa manera; es el caso del Sida, por ejemplo.

Con esa lógica, se recomienda a las personas, en especial a las mujeres, que se sometan anualmente a controles y diagnósticos para ver si ya tienen cáncer o todavía. Si el resultado es negativo, le pedirán que regrese en un año. Si miramos atentamente no se hace nada de prevención, no se le enseña a nadie cómo evitar el cáncer, nadie sabe nada al respecto y si alguien inventa algún procedimiento eficaz para curar esta epidemia, rápidamente es silenciado y desaparece la técnica o inclusive el inventor.

Pero eso no es todo, la manera como se maneja la medicina llamada científica, es ya un atentado a la salud, de manera que muchas veces la persona, aún empezando una enfermedad, está capacitada para superar el problema, pero le cae encima el diagnóstico y se enferma de diagnóstico, incluso a veces se muere de diagnóstico. Cuando ello no ocurre, la medicina tiene otro mecanismo, igualmente eficaz, para destruir la salud, y es el tratamiento. La mayoría de los tratamientos, estoy pensando en la quimioterapia, por ejemplo, y en los efectos colaterales de los medicamentos, interfieren en los procesos autocurativos del organismo, disminuyendo la calidad inmunológica del cuerpo, de manera que al final no sabemos de qué murió el paciente.
Obviamente, es más cómodo pensar que fue la enfermedad la culpable, sin embargo, sabemos que hay intereses en juego,

sabemos que los sanos no son rentables, casi no necesitan nada y eso es mal mercado. Sabemos que desde los estilos de vida inducidos, se recomienda una forma de vivir que garantiza la enfermedad y, con ello, la rentabilidad buscada por los accionistas de las multinacionales farmacéuticas, que probablemente también tienen acciones en las empresas que fabrican armas.

3. ¿QUIÉN CONSUME A QUIÉN?

Otra de las virtudes de este sistema es que a ninguna persona, en ningún centro educativo, sean niños o jóvenes, se les enseña cómo alimentarse, es decir, sabemos el combustible que requieren nuestros autos, pero desconocemos completamente el combustible que requiere nuestro vehículo corporal, de manera que terminamos ingiriendo de todo, menos lo que realmente necesita nuestro cuerpo.

Casi nadie sabe lo que necesita nuestro cuerpo para funcionar bien, no se sabe qué alimentos son especialmente buenos para el corazón, para el sistema nervioso; no se sabe cómo evitar perjudicar al hígado en su importante función, ni cómo evitar que colapse nuestro sistema digestivo. Tampoco se sabe cómo evitar la acumulación excesiva de toxinas en nuestro cuerpo, ni cómo ayudar a que los riñones funcionen sin interferencias. Y así podríamos enumerar todos los órganos y sistemas, es decir, manejamos un carro que no sabemos cómo acelerar, cómo frenar, cómo dar la dirección adecuada y luego nos sorprendemos porque un día aparece enfermo.

Con las bebidas ocurre lo mismo. Ya nadie sabe las virtudes del agua natural y, en su reemplazo, se consume masivamente cualquier tipo de bebidas llenas de colorantes, saborizantes, de azúcar y conservantes, de manera que en nombre de atender la sed, se envenena el cuerpo, más aún cuando se ingiere bebidas alcohólicas.

El ataque es doble, por un lado, no se enseña a niños ni jóvenes la importante ciencia de la alimentación saludable, entonces, cada uno come lo que ve comer al resto; por otro lado, se nos bombardea con publicidad de alimentos artificiales, de alimentos que no alimentan, que intoxican y que más allá del agradable sabor y envoltura con que están presentados, son un verdadero atentado a nuestra salud. Nos destruyen, con nuestro consentimiento, con alimentos falsificados que nunca deberían ingresar a nuestro cuerpo y que lo hacen por el bombardeo publicitario y por la ignorancia en la que se mantiene a la mayoría de la población.

Está claro que somos consumidos por lo que consumimos.

4. TODAS LAS DIETAS SON MENTIRA

Y después de habernos hecho engordar, después de habernos convencido de ingerir basura, después de habernos intoxicado por todo lado, nos proponen modelos a imitar, es decir, medidas a las cuales debemos atenernos para no quedar fuera de línea y conservar el atractivo, reservado para quienes se ajustan a las medidas establecidas.

Y como no todo el mundo puede coincidir con las proporciones requeridas, fiesta para los cirujanos plásticos que encuentran en las mujeres insatisfechas, un banquete financiero en permanente crecimiento. Simultáneamente, están las dietas que prometen lo que obsesivamente anhelan tantas mujeres. Lo que no se dice, para evitar entorpecer el enriquecimiento ilegitimo de los que comercian con estos productos, es que ninguna dieta es buena para todos, ninguna dieta cumple lo que promete la publicidad, simplemente porque el aspecto corporal depende de los genes, hasta el estilo de vida, pasando por la salud y todo ello, ninguna dieta, ningún cosmético lo alude.

Todas las dietas son mentira porque están apelando a la mujer en general y esa mujer no existe, siempre está la mujer concreta, con una historia genética, con una edad, una vitalidad específicas y para ella, solo será válida una dieta personalizada y que sea actualizada permanentemente, porque nadie se queda sin cambiar mucho tiempo, por lo menos envejecemos, es decir, nuestros órganos envejecen, ya no necesitan lo mismo que el año pasado, este solo dato invalida cualquier dieta. No hay dieta anti cáncer, no hay dieta para bajar de peso, no hay dieta buena para nada, porque cada uno requerirá algo distinto y eso apunta más a lo terapéutico que a lo cosmetológico.

Quizá a las dietas, en especial, las que se ponen de moda, sean buenas para generar grandes ganancias a sus promotores, los cuales podrán disfrutar de su negocio mientras otros continúan creyendo sus falaces consejos.

5. ME ACEPTO, LUEGO EXISTO

A manera de conclusión obvia, aceptar nuestro cuerpo y sus características es una buena solución, empero, ello no significa descuidarse, ni engordar.

Aceptarse es una decisión inteligente que nos vacuna contra la insatisfacción y el autorechazo. Comencemos aceptándonos porque entonces podremos disfrutarnos; sobre esa base será posible comenzar a mejorar aquellos aspectos que consideramos transformables, pero no tiene sentido ocuparse de la apariencia, de la cáscara y descuidar el contenido. Recuerda que no te enseñan a autoaceptarte, a autoconocerte, autocriticarte constructivamente. A los jóvenes y desde la infancia, se les enseña a compararse, a tener envidia, celos, rabia, a competir, todo esto es un combo nefasto que se traduce luego en autorechazo e infelicidad.

Internamente puedes mejorar totalmente, puedes convertirte en una persona hermosa, a partir de una manera de ser agradable, sincera, humilde, creativa, optimista. Internamente, en tu manera de ser, puedes hacer lo que quieras, eso depende de ti, puedes ser una persona increíble si logras conocerte y cambiar aquello que elijas modificar. En lo externo, puedes mejorar también bastante, pero aquí hay límites que marcan lo que heredamos de nuestros padres. Mejora todo lo que pueda cambiarse, acepta lo que no puede cambiarse y listo, disfruta la vida, porque para vivir bien, más que centímetros o kilos, más que color de la piel o apellido, es la actitud ante la vida la que nos permitirá llegar muy alto. Acéptate, porque eres lo único que tienes; acéptate, no importa la edad que tengas, yo sé que no te enseñaron esto, pero nunca es demasiado tarde, que los otros se queden sufriendo si quieren, acéptate y podrás cambiar lo que se pueda, el resto, disfrutar esta vida que se nos da, por una sola vez.

6. SEDENTARISMO: EL ASESINO SILENCIOSO

Antes, salir de compras implicaba correr delante o detrás de otro animal que también tenía hambre, solo regresaba a casa quien estaba en buen estado físico y podía correr, escalar, trepar árboles, nadar rápidamente en ríos poblados de diversos depredadores. Quien no estaba en condiciones de moverse rápido, servía de comida para otras especies. De esa manera actuaba la ley de selección natural, aunque resulte crudo recordarlo.

Actualmente, hemos progresado tanto, que las nuevas generaciones cuando les das una naranja, están buscando donde está el botón para que se abra. La abundancia de tecnología y de confort ha convertido al ser humano en un sedentario degenerado, incapaz de caminar mucho, de correr, de subir montañas. Obviamente no hay depredadores sueltos porque la mayoría sería comida rápida para ellos.

La falta de actividad física degenera el cuerpo, al punto que engorda y por dentro las arterias se engrosan, se dificulta la circulación sanguínea, llega menos oxígeno al cerebro. En situaciones como esas, se comprende que tanta gente tome decisiones estúpidas como la de continuar haciéndose daño.

Es urgente abandonar el sedentarismo y hacer actividad física, pero como dijimos antes, tampoco la gente fue informada de ello. A nadie se le dijo que si no hace ejercicio físico, su cuerpo se va a atrofiar; tampoco se enseñó a los niños ni jóvenes que sin actividad física el cuerpo se enferma y aparecen malos hábitos. A nadie se le dijo que el sedentarismo apadrina multitud de dolencias y trastornos, y que hay que caminar más y sentarse menos, hacer ejercicios al aire libre, usar y mover cada parte del cuerpo, de lo contrario por falta de uso quedará anquilosado.

7. POR FAVOR, ¿ALGUIEN ME ENSEÑA A HACER EL AMOR?

No vamos a referirnos a la reproducción. En el humano sexualidad no es necesariamente sinónimo de reproducción, como en las demás especies. Esta confusión, sin embargo, ha llevado a que en muchos centros educativos, se enseñe cuidadosamente temas reproductivos sin aludir a la sexualidad humana. Esa confusión de sexualidad con reproducción, de sexualidad con genitalidad, ha llevado a la humanidad a grandes errores. Por otro lado, no se enseña en ninguna parte el manejo de la energía sexual, de manera que esta es generalmente mal utilizada, desperdiciada indiscriminadamente en la juventud y nunca vista como una poderosa energía sagrada, generadora de salud y placer no solo físico.

No existen las escuelas, que en otros tiempos, en culturas no occidentales existieron, donde los jóvenes eran iniciados sexualmente, con una introducción ritual y, previo a ello, con una preparación que les permitía de antemano, antes de abrir este importante capítulo de la vida humana, tener el conocimiento de los secretos, a menudo milenarios, que guardaban los abuelos y abuelas para transmitir a las nuevas generaciones. Ya no existen esas escuelas donde los jóvenes aprendían a hacer el amor, de la mano de especialistas de ambos sexos, que les permitían conocer su cuerpo, explorarlo y descubrir las características propias de cada uno, sus zonas erógenas, las maneras más adecuadas a cada persona de lograr el orgasmo y, en el caso masculino, a no asociarlo con la fugaz eyaculación que responde al contexto reproductivo, que practicado con frecuencia puede actuar como factor desenergizador, que posteriormente se traducirá en baja vitalidad y enfermedad.

Tampoco se prepara a la mujer para conocer su cuerpo ni se le dice, ni enseña cómo preparar su cuerpo. Nada se le dice de la importancia de las primeras relaciones sexuales y de su potencial multiorgásmico, de manera que la mayoría, con dificultad logra uno o dos orgasmos y muchas ninguno, en epidemias de frigidez inducida, quizá para que la mujer siga la lógica machista de ser tratada como objeto sexual de un hombre, que tampoco sabe manejar su energía sexual y, por ello, se conforma con unos instantes de placer eyaculatorio, que nada tiene que ver con sensaciones orgásmicas duraderas y saludables. En este contexto, también se explican las epidemias de eyaculación precoz e impotencia masculina, además de los problemas prostáticos empezando cada vez más temprano; en ese contexto, también aparecerán diversas enfermedades venéreas y el mismo sida, además de embarazos no deseados y vidas destruidas.

No se habla de lo sexual en los términos adecuados, no se enseña a manejar la energía sexual en ninguna escuela, en ninguna Universidad, en ningún medio de comunicación y, sin embargo, desde todas partes, se induce, se estimula al mismo tiempo que se prohíbe. Esa es la hipocresía generalizada de este sistema que simultáneamente estimula y prohíbe, generando confusiones que terminan destruyendo la vida de las nuevas generaciones o por lo menos, la salud.

¿Por qué no se habla con más libertad y naturalidad de lo sexual? Este es otro negocio rentable que incluye prostitución, esclavitud sexual, abuso sexual a menores, violaciones nunca denunciadas y todo ello cubierto con el manto aceptado de la hipocresía que en la cultura occidental, tiene estatus de normalidad.

8. ¡SOCORRO! SÁLVENME DE MI PAREJA

Vivimos en un modelo social que linda lo ridículo en todas partes. Aquí nada funciona y eso no es casual, está cuidadosamente calculado porque de esa manera se logra mayores niveles de rentabilidad; por eso, en los países donde hay desnutrición se siembra, en sus mejores tierras, no alimentos para saciar el hambre, sino flores para exportar o se construyen canchas de golf, esa es la lógica capitalista, para ellos no importa la salud ni la felicidad, menos aún la calidad de vida.

En ese contexto el modelo de pareja no es una excepción. Comencemos reconociendo que la abrumadora mayoría de las parejas se separan y cada vez más rápido y las que soportan una larga convivencia, lo hacen más resignados que por amor, porque la iglesia prohíbe el divorcio o incluso por razones prácticas, originadas en lo costoso que resulta la separación o la dificultad de encontrar vivienda, etc. Hay parejas que señalan, sin rubor, que no se separan por los hijos, los cuales de esa manera crecen siendo testigos de infelicidades y agresiones mutuas entre los padres, de esa manera se siembran las semillas de la infelicidad futura en las nuevas generaciones.

Tampoco se enseña a los jóvenes y gente de toda edad, cómo vivir en pareja. No hay escuelas para ello; en los centros educativos convencionales, nada se dice al respecto y los breves cursos prematrimoniales que se manejan en algunos lugares, están en manos de gente inadecuada, con contenidos que no reflejan las necesidades reales o demasiado influidos por algunas religiones que están congénitamente incapacitadas para abordar el problema con objetividad.

De esta manera, las nuevas generaciones son enviadas a la vida conyugal sin preparación alguna, todos lo saben pero nadie lo dice, eso no funcionará. El noviazgo y su fugaz enamoramiento anestesian la situación, generando la primera confusión: casi siempre uno se casa con una imagen distorsionada, cuando no, idealizada de la pareja. Un enamorado es como un borracho, ve todo distorsionado y cuando se le pase la embriaguez, quizá sea demasiado tarde. Nosotros pedimos a las parejas en noviazgo, nunca tomar ninguna decisión importante durante la fase de enamoramiento, dejen que pase un tiempo y se darán cuenta del absurdo que estaban dispuestos a cometer.

Lanzarse al matrimonio o convivencia sin haber aprendido a comunicarse adecuadamente es un riesgo, de igual manera sin tener un buen manejo de nuestras emociones que terminarán confundiendo los sentimientos; por otro lado, no se puede formar pareja sin saber manejar adecuadamente la energía sexual, tampoco se puede formar pareja demasiado jóvenes porque la inmadurez de la juventud, natural por la edad, no está para compromisos de esta índole. No puede formar pareja quien no se conoce a sí mismo, ni quienes no saben estar solos ni ser felices sin depender del otro. A ello hay que sumar temas como el financiero y la propia capacidad de planificar la vida o ser autocríticos.

Como nada de eso se enseña, realmente la mayoría de las personas están incapacitadas para la vida conyugal, es más, no todos tienen la personalidad como para compartir su vida con otra persona. El modelo matrimonial convencional impuesto por occidente en todo el mundo, no solo no funciona sino que por su carácter excluyente de otros modelos, termina perjudicando a casi todos los que experimentan con él. Es bueno recordar, sin embargo, que occidente y sus modelos de hacer las cosas, es apenas una posibilidad, que existen otras culturas con otros modelos de convivencia y que durante siglos demostraron ser más adecuados a la naturaleza humana. Pretender forzar a todos a practicar un modelo que naufraga en la mayoría de los casos, es un acto de negligencia, rentable sin duda, porque en medio de tanta confusión, siempre hay quienes hacen buenos negocios.

Es probable que el modelo de pareja convencional, sea el menos natural y el más obsoleto intento de canalizar las energías humanas, porque hacer el amor, eso que no se enseña en ninguna parte y que no se aprende con los años, se parece más a un viaje multidimensional que a una gimnasia corporal, de duración cada vez menor, y vivir en pareja es más una historia de crecimiento en libertad, una historia de autoconocimiento compartido, que una forzada convivencia hasta que la muerte los separe.

9. LA FIESTA DE LA SEPARACIÓN

Y cuando el viaje de la convivencia se torna turbulento, cuando los tsunamis no pueden surfearse, cuando la infelicidad pasó a vivir en casa, como la suegra invisible, cuando nos alegra la ausencia del otro, los días que se van de casa, cuando nos atrae otra persona, cualquiera más que nuestra pareja, cuando nuestro crecimiento es interferido por quien un día amamos, cuando el amor se acaba y no es suficiente disimular ante los demás, cuando sabemos en el fondo, que ya no es lo mismo, cuando el pretexto de los hijos para no separarse pesa cada vez más, en especial porque ellos están recibiendo el mal ejemplo y crecerán pensando que la vida es eso, infelicidad; cuando la hipocresía empieza a ser necesaria, sin importar lo que digan los demás, porque la opinión pública tampoco es sincera, toca plantearse, en un acto de valor, una separación inteligente.

No es necesario un conflicto para plantear una separación, tampoco hace falta interrumpir la amistad ni la comunicación, al contrario, una expareja es, por el nivel de conocimiento que tiene de nosotros, una excelente posibilidad de amistad incluso íntima.

Es hermoso ver exparejas llevándose, en una etapa post separación, de manera tan armónica y amistosa; es posible, es más, es recomendable que al terminar una relación conyugal, abramos otra etapa de amistad y mutuo apoyo. Terminar una relación no significa el fracaso de una etapa, quizá la vida conyugal necesita tener, desde el inicio, una fecha de caducidad; tal vez ese propósito de: "hasta que la muerte nos separe", es antinatural e inviable, porque cada persona va cambiando, porque la vida es movimiento, porque no somos los mismos que empezamos la relación. Es verdad que podemos ir abriendo nuevas etapas con la misma persona, pero a veces no es suficiente y no es recomendable graduarse de masoquistas y vivir soportando lo insoportable.

¿Te das cuenta?, nada de esto se enseña; a ningún joven se le dice, cuando está empezando su vida conyugal, que en realidad esta historia lo más probable es que termine en un determinado tiempo… ¿Cuándo?, solo podemos vivir con alguien mientras el amor nos una, después de ello pasa la convivencia a ser adulterio o prostitución. Lamentablemente no se enseña a las nuevas parejas, que esta historia tiene fecha de caducidad, es mejor que lo sepan de entrada, es más, hasta podríamos proponer relaciones de pareja por tiempo limitado, renovables anualmente mientras exista el amor mutuo.

Sin embargo, no se enseña nada al respecto, se prefiere ponerse una venda sobre los ojos y lanzarse a ciegas. Todas las parejas tendrían que saber manejar sus emociones, manejar la energía sexual y, en este caso, saber cuándo conviene separarse y saber cómo hacerlo. Nuestra propuesta es hacerlo festivamente, invitando a los amigos que presenciaron la boda, porque separarse a tiempo es una buena noticia y tiene que celebrarse.

10. NO ESTOY SOLO, ESTOY CONMIGO

Antes vimos que no se enseña a la gente a vivir en pareja y, en nombre del amor, vemos tanta infelicidad; incluso, el crimen pasional ocurre en nombre del amor. Las personas no saben vivir en pareja pero tampoco están preparadas para vivir solas. Este cuadro se torna cada vez más complicado, primero casi nadie sabe vivir con otro y ahora nos damos cuenta que la mayoría tampoco puede vivir sola y para administrar esta incapacidad, uno termina eligiendo incluso personas inadecuadas.

Todos precisamos amor, somos vehículos que funcionamos con el combustible del afecto, sin amor no podemos vivir, pero nadie fue preparado para armar una red de confianza y afecto en su entorno cercano, nadie sabe cómo administrar esta carencia sin hacerse daño y se lanzan a buscar el afecto -que el bebé reclama con llanto-, se compra sexo y compañía en esta infructuosa búsqueda, se aparenta estar bien y se consumen los entretenimientos de moda, pero todo resulta estéril, la insatisfacción continúa y aparecen las adicciones, luego las enfermedades. No nos enseñaron a conocernos, a explorar nuestro mundo interior, no nos dijeron que la felicidad no viene de afuera, que nadie puede hacernos felices, que la felicidad es algo que se genera en uno y que se puede compartir con otros, pero también podemos ser felices estando solos.

Es tan evidente esa incapacidad de estar solos, que la mayoría, al llegar a casa, enciende de inmediato la televisión o el internet para sentirse acompañada, porque nadie fue entrenado para meditar ni reflexionar, de manera que cuando se encuentra con uno mismo, rápidamente opta por tomar los recursos evasivos que el sistema recomienda, en este negocio que busca sin decirlo, que todos estemos enfermos e infelices.

11. LA MAYORÍA DE LO QUE COMPRAMOS NO ES NECESARIO.

Esta es otra enseñanza inexistente en todos los programas educativos y medios de comunicación. Nunca se nos dijo que tenemos que comprar de manera más racional y serena, sin basarnos en impulsos, que los publicistas saben muy bien cómo manejarlos. Nunca nos dijeron que en realidad tenemos pocas necesidades y que cuánto menos precisamos más libre somos; nunca nos dijeron que en toda compra que se hace con dinero estamos entregando una parte de nuestra vida, pues el dinero lo obtenemos en trueque por un pedazo de ella, que mediante el trabajo entregamos por un poco de salario, el cual, en últimas representa el precio que tiene esa parte de nuestra vida que estamos vendiendo y no podemos darnos el lujo, con ese dinero, de comprar objetos innecesarios, ello equivale a cambiar pepitas de oro por espejitos sin valor real, ni necesidad verdadera.

No se nos enseña que la mayoría de lo que se vende en los centros comerciales, en realidad solo responde al afán de lucro de los productores, que razonando en términos de la lógica del sistema capitalista, nos venden no lo que necesitamos, sino aquello que les resulta más rentable, con ayuda de expertos publicistas que conocen la naturaleza humana y saben cómo convencernos para comprar lo que nunca precisaremos.

Cada uno puede poner a prueba esta afirmación y pasearse por casa tomando nota de todo aquello que un día compró y que realmente no era necesario. Un buen ejercicio en este sentido es visitar el centro comercial próximo con el propósito de no comprar nada, mientras en todo el recorrido nos observamos atentamente. En realidad, no es necesario comprar tanta ropa ni tantos zapatos; no precisamos llenar la casa de cosas ni comprar cosas en oferta, lo barato casi siempre es innecesario. Y los medicamentos de farmacia, casi ninguno sirve, todos tienen efectos colaterales y solo son útiles para enmascarar síntomas. No nos enseñaron nada de esto, pero ahora ya lo sabes. Comparte todo esto con tus seres queridos.

12. RESPIRO LUEGO EXISTO

Y sin embargo, nadie nos enseña a respirar. Sabemos que sin comer podemos estar varios días, sin beber varias horas, pero sin respirar apenas unos instantes. Respirar no es solo el acto mecánico y automático que realizamos sin darnos cuenta todos los días y cuando dejamos de hacerlo es porque nos hemos muerto, respirar es incorporar de manera consciente, por lo menos, varios momentos al día, esa valiosa energía invisible de la que depende nuestra vida.

No es solo aire, es energía y como seres energívoros que somos, necesitamos proveernos de ella para vivir con salud. Sorprendentemente, nada de esto se enseña a los padres de familia, de manera que las mamás, que tantas cosas enseñan a sus hijos, no saben, no pueden, parecería incluso que no deben enseñar a respirar a sus hijos, garantizando que estos crezcan sin saber este elemental procedimiento, con el perjuicio que ello implica.

Nada se dice de la respiración consciente, ni de los ejercicios respiratorios que toda persona que quiera vivir sana necesita realizar; nada se enseña sobre la importancia del aire puro y las mejores horas para energizar nuestro cuerpo; tampoco se enseña a desintoxicarse adecuadamente con la respiración ni la importancia de no enviar humo a nuestros pulmones, porque esto altera el equilibrio energético, sembrando las semillas de futuras enfermedades.

Quien no sabe respirar y tomar energía por esta vía, tendrá menos posibilidades de vivir con buena salud y vitalidad en el futuro; sin embargo, esto no se enseña porque en el fondo, ya lo sabes, nos prefieren enfermos y dependientes de los sistemas médicos y farmacéuticos, que viven con las finanzas saludables a costa de nuestra enfermedad y sufrimiento.

13. MEDITAR ES VIAJAR A UNO MISMO

Ya no es novedad que tampoco se nos enseñe desde temprana edad a meditar. Entendemos la meditación como ese proceso de viajar a uno mismo, purgados de pensamientos y así, en ese silencio de calidad, bucear en uno mismo sin expectativas, sin pensar que no tenemos que pensar, simplemente, atentos al instante, viviendo el momento plenamente. No se trata de adoptar una postura corporal sofisticada, olvidemos lo que nos dicen los maestros orientales; meditar es posible de muchas maneras, encuentra la tuya, aquella en la cual te sientas cómodo y que puedas disfrutar de ese momento. Podrías meditar observando las olas del mar, sentado en la arena viendo pasar a las gaviotas como pensamientos que se alejan mientras permaneces indiferente; podrías meditar contemplando una montaña hasta convertirte en ella, podrías hacerlo abrazando un árbol, uno que te llamó la atención de manera especial, podrías hacerlo danzando ese tema, esa música que te toca dentro y usar los sonidos para alcanzar el silencio, solo tendrás que dejarte llevar por la música como un río que te arrastra inevitablemente.

Al meditar nos enfocamos en nosotros mismos, reforzamos nuestro centro e incrementamos nuestro poder; nos hacemos más conscientes, más serenos, más lúcidos y nada de eso le interesa al sistema que nos quiere desatentos y manipulables. Por ello, no es extraño que no se enseñe a meditar casi en ninguna parte, porque quien medita, está alerta desde su serenidad consciente y lúcida.

14. SIN RELFEXIONAR, AÚN NO SOMOS HUMANOS

Y la sistemática pulverización de consciencias continúa indetenible sin que nadie parezca reaccionar al respecto. La civilización occidental, a pesar de sus reiterados fracasos, logró imponerse a nivel planetario, reduciendo la diversidad cultural a meras expresiones folklóricas, previamente descafeinadas y programadas solo para el consumo turístico.

En ese contexto, convencer a la gente, en especial a las nuevas generaciones a vivir sin pensar, sin reflexionar, parece uno de los logros más significativos. En este siglo XXI ya nadie sabe quién es ni qué sentido tiene su existencia, de manera que reemplazar la identidad por la moda de turno, por el "look" no resulta descabellado, en una época donde todo es descartable, incluso las personas.

Para vivir como nos proponen vivir, no hace falta reflexionar, es más, resultaría problemático para un sistema que funciona manipulando y mintiendo. En este sentido, no hay escuelas de filosofía y los centros educativos oficiales para niños y jóvenes, se ocupan sistemáticamente de hacer odiar la filosofía, de esta manera las nuevas generaciones crecen careciendo completamente de la capacidad de reflexionar, por tanto, de darse cuenta de lo que está aconteciendo. Y mientras no se dan cuenta, su vida va transcurriendo, pronto llegará la jubilación y el arrepentimiento, si no llegó la muerte prematura antes y toda la vida habrá sido desperdiciada.

No se enseña a reflexionar, porque obviamente no conviene gente lúcida, jóvenes con capacidad crítica y preparados para descubrir las falacias con que se maneja a la población, siempre crédula, siempre vulnerable. El mundo está como está, en gran parte porque la población en su conjunto dejó en manos de unos pocos líderes, el poder de decidir sobre el futuro nuestro y el de las próximas generaciones.

La capacidad de reflexionar y no la ropa, es lo que nos diferencia de las demás especies.

15. ¿Y SI FUERA TODO MENTIRA?

Aunque parezca exagerada esta afirmación, gran parte de las noticias que circulan por los medios de comunicación masivos, son falsas o están retocadas, es decir, filtradas, manipuladas sutil o descaradamente, para que solo llegue a la gente la información que ellos, los que deciden por nosotros, quieren que sepamos.

De igual manera, por internet circulan muchas mentiras y las declaraciones de los líderes políticos están fríamente calculadas, para que digan en cada oportunidad lo que el interlocutor quiere escuchar. La demagogia en política es parte habitual de las estrategias con las cuales se mueven los líderes, de manera que confiar en sus declaraciones o creer lo que publican los medios de comunicación, resulta una grave imprudencia, que linda con la ingenuidad.

Desde pequeños, es necesario enseñar a las nuevas generaciones a tener un espíritu crítico, enseñarles a dudar de lo que escuchan, de lo que ven, de lo que se dice y descubrir lo que cuidadosamente se evita decir. Las nuevas generaciones deben saber que esta sociedad, está construida sobre la mentira y la injusticia; deben saber que la misma educación está en función y al servicio de determinados intereses, que en ese contexto se nos enseñan contenidos que son útiles a sus intereses; se direccionan profesiones, se manipulan consciencias, se construyen gustos, se fabrican necesidades. Obviamente nada de esto se menciona, es más, la propia ciencia que alardea tanto de neutralidad, está al servicio de los mismos intereses transnacionales.

Hace falta y, con urgencia, aprender a ser críticos, a dudar, a preguntarnos de las supuestas verdades, de lo normal…, a esta altura de la vida: ¿qué es lo normal?, ¿quién decide qué es lo normal? Nosotros estamos convencidos de la existencia de una normalidad anormal, de verdades al servicio de intereses, de muchas mentiras disfrazadas de verdad y de la urgencia de tener una actitud crítica. No podemos dejar algo tan valioso como nuestra vida, en manos de quienes solo piensan en su propio beneficio. Acostumbrémonos a tener una postura crítica ante todo y una opinión personal que sea parte de nuestra filosofía personal de vida y dejemos de repetir ideas y consignas diseñadas para manipular a la gente crédula.

16. VIVIR ES ELEGIR

La vida es un acontecimiento único e irrepetible, es un regalo maravilloso, una oportunidad multidimensional para evolucionar, una invitación para conocernos, explorarnos, descubrirnos y disfrutar de todo ese itinerario. Ocurre, sin embargo, que la vida es una visita con fecha de caducidad, porque el cuerpo que nos dieron es prestado al tiempo que tenemos y un día tendremos que devolverlo. Todos sabemos, por ejemplo, que por razones de salud, dentro de cien años ninguno de nosotros estará caminando por las calles como ahora.

Ese dato es relevante. No podemos vivir como si esto fuera para siempre. La vida es breve, la vida es insegura, la vida es una secuencia de opciones que tenemos que elegir permanentemente. Si quieres viajar en un tren, tienes que bajarte primero del barco en el que estabas; si quieres volar en un avión, es preciso renunciar al tren en el que viajabas, así es la vida, estamos condenados a elegir permanentemente, entonces, aprendamos a tomar buenas decisiones porque de ellas depende toda nuestra vida.

Paradójicamente, en ninguna parte se enseña a decidir, no se prepara a la gente a tomar buenas decisiones, no se enseña este delicado arte, de manera que la gente, desde tempranas edades, va cometiendo errores, perdiendo tiempo, energía y oportunidades y hasta se va haciendo daño.

Nuevamente aparece la sospecha en forma de pregunta… ¿Por qué no se enseña y prepara a las nuevas generaciones para tomar decisiones adecuadas? ¿Y a los padres de familia/ y a los novios? ¿Y a los profesores? ¿O es que nos prefieren tomando malas decisiones, saturados de errores, transportando arrepentimiento, enfermedades y, finalmente, dándonos cuenta que ya es demasiado tarde?

Es muy importante aprender a elegir y, sin embargo, nada se dice al respecto. No se enseña, por ejemplo, que toda decisión tiene efectos colaterales, que cada vez que elegimos algo estamos también, implícitamente, renunciando al resto de opciones, que nuestra vida depende de las decisiones que tomamos. No nos enseñan que todo tiene un momento preciso, que si no estamos preparados para elegir lúcidamente y con rapidez, habremos perdido porque hay oportunidades que no se repetirán. Nunca nos dijeron que para tomar una buena decisión es preciso estar serenos, en nuestro centro, donde somos poderosos y tenemos la lucidez suficiente; tampoco nos dijeron que las cosas tenemos que verlas desde el lado racional sin descartar la intuición que todos tenemos cuando estamos tranquilos y usando ambos hemisferios cerebrales, entonces, podremos tomar las mejores decisiones, en el momento justo y de la manera adecuada.

Especialízate en tomar buenas decisiones, ya sabes, esto no te lo enseñarán en las escuelas ni en los medios de comunicación.

17. QUIEN NO SABE RENUNCIAR, ESTÁ CONDENADO A SUFRIR

En la misma línea propuesta en el anterior punto, es importante recordar que uno de los aprendizajes fundamentales para vivir bien, es saber renunciar. Obviamente tampoco nos enseñan esto, es más, desde la infancia se enseña a las nuevas generaciones a aferrarse a las cosas, a ser posesivos incluso con las personas. Las relaciones personales se manejan con características de dependencia y apego, se cree y, esto es una falacia, que la felicidad nos la proporciona el otro, por ello se lucha por no perder lo que se imagina nos pertenece.

Todo esto pertenece al instrumental de la infelicidad, que con tanto fervor busca este modelo social, porque con una población feliz, muchos negocios no tendrían sentido, es más, la gente, masivamente lúcida, dejaría de ser manipulable y, entonces, se plantearían otras alternativas organizativas y de convivencia social, la transformación colectiva y, con ello, nuevos modelos de sociedad serían posibles. Esto es lo que quieren evitar quienes en la actualidad pertenecen a las élites privilegiadas.

Hay muchas cosas que tenemos que saber para vivir bien, una de ellas, una de las más importantes es el saber renunciar. Quien aprendió a renunciar, estará vacunado contra el sufrimiento y podrá descubrir que la vida es un flujo permanente, una danza de inseguridades apasionantes y de incertidumbres con las que tenemos que saber coexistir. Quien aprendió a renunciar estará más y mejor preparado para vivir, porque en la vida todo es pasajero, hasta nosotros mismos, todos estamos de paso, pero ello no debe inducirnos a vivir el presente frívolamente sino todo lo contrario, a vivir con intensidad, con profundidad y en permanente lucidez, para en cada momento darnos cuenta lo que precisamos elegir, lo que requerimos abandonar y así sucesivamente según el estilo de vida elegido.

Por supuesto que no se trata de desembocar en un utilitarismo carente de principios; se trata de vivir con objetivos, con sueños y metas, con maneras elegidas como las más adecuadas y con una permanente actitud autocrítica y sin olvidar que en todo momento tendremos que elegir, que elegir es renunciar y que cuando aprendemos a renunciar, sin que las circunstancias nos obliguen a ello, nos sentiremos más libres y finalmente preparados para todo, porque la vida es un detalle al que también un día tendremos que renunciar.

Renuncia a todo lo que ya no necesitas, renuncia a tus necesidades falsa, renuncia a la queja y a la relación que no funciona; renuncia al miedo y a mantener relaciones de posesividad y desconfianza, renuncia a complicarte y a la búsqueda del visto bueno de los demás. Renunciar es liberarse y la vida comienza con ella. Saber renunciar a tiempo, no antes ni después, nos vacuna contra el sufrimiento. Quien aprendió a renunciar sabe que todo es necesario, pero nada ni nadie imprescindible.

18. FLUIR ES LA PUERTA DE LA FELICIDAD

Por supuesto que no te hablarán del fluir, ya lo sabes, nada importante te será enseñado, eres tú, con tu iniciativa y voluntad propia, quien tendrá que posibilitarse este aprendizaje. Ocurre que fluir es la puerta no solo de la felicidad, sino también de la sabiduría.

Comienza a ser sabio quien aprende a no complicarse, porque en verdad, el problema, lo problemático, está más en una forma de ver los acontecimientos que en los hechos o cosas que pasan. Es posible ver todo de otra manera, es posible aprender a fluir, es decir, a no complicarse y mientras otros lo pasan mal, aprender y disfrutar, porque la vida es como un río indetenible.

Nos enseñaron a ser rígidos, a aferrarnos a las cosas, a las personas; nos enseñaron a complicarnos, a sufrir, a pasarlo mal con o sin motivo. Empero, de ese libreto podemos alejarnos y crear uno propio, donde la libertad de fluir, de no complicarse, esté incluido.

Fluir es básicamente ver la vida de otra manera, es salir a la calle con alegría, dispuestos a aprender de todo lo que nos pase; fluir es aceptar que todo es un momento y que podemos, si queremos, unir muchos momentos buenos, como si fuera un tren con muchos vagones-momentos, sin olvidar que por muy extensa que sea la vida, estará hecha siempre de instantes, que en definitiva son lo único real. Quizá la eternidad de la que tanto se habla, no sea más que un océano de momentos que nos entregan a gotitas, que cada gota de eternidad, es un momento.

Quien aprende a fluir aprende a vivir, a vivir bien, porque sobreviviendo hay mucha gente, esa que fue enseñada para sufrir y lo están haciendo bien, viviendo mal.

19. SI NO ME CONOZCO, VIVO CON UN EXTRAÑO

La vida es un viaje en el que debemos aprender de todo lo fundamental para vivir. Ocurre, sin embargo, que no hay escuelas para aprender a vivir, de manera que cada uno, como puede, va organizando su vida, imitando los casi siempre malos ejemplos del hogar, las enseñanzas distorsionadas de la escuela y lo que se puede ver en la calle, en la televisión y últimamente en el Internet; básicamente, más que por reflexión y planificación, es por imitación que hacemos las cosas, porque nos dijeron que lo que hace la mayoría, es lo correcto.

En este sentido, no se habla de autoconocimiento, nada se dice de la importancia de conocerse, de explorarse, de bucear en el océano interior que somos y poder manejar adecuadamente nuestras emociones. No se nos enseña oportunamente a observarnos, a estar serenos y atentos, a ser autocríticos y honestos con nosotros mismos. De esta manera vamos creciendo sin crecer, es decir, sin transformaciones significativas, simplemente cumpliendo años, celebrando cumpleaños pero sin darnos cuenta que la vida es algo más, que a vivir se aprende pero no en el hogar ni en la escuela.

Para conocer hay que tener tiempo y voluntad, y fundamentalmente hace falta saber, sentir que eso es posible y es necesario, es más, imprescindible, de esa manera, la infaltable cita con uno mismo estará como una prioridad en nuestra agenda diaria.

Lo que no nos dijeron, en ninguna parte, es que conocerse es necesario para aprender a vivir y lograr en la vida las metas y objetivos adecuados a nosotros; no nos dijeron que si nos conocemos podemos convertirnos en seres poderosos, autosuficientes, capaces de volar las cumbres más altas de la libertad y los océanos más inmensos del conocimiento. Es que, precisamente, es eso lo que quieren evitar, para que desconociendo nuestro potencial interior, permanezcamos manipulables, permeables a sus estrategias de convencernos que la vida es solo esto.

20. GOBERNARSE ES PRINCIPIO DE SABIDURIA

Imagínate un campeonato de artes marciales, donde no gana el que más golpea sino quien permanece, durante los combates, en total imperturbabilidad, es decir en su centro, con todo su poder expresado en serenidad. Esto es ya para nosotros, el inicio del camino de la sabiduría, a partir de la cual podemos dar sentido a nuestra vida, más allá de autoengaños y falacias.

Si crecemos con objetivos, si nos gobiernan principios elevados, si cada vez nos conocemos más, entonces solo falta que cada uno sepa gobernarse, esto no es reprimirse sino direccionar adecuadamente nuestra energía, nuestra fuerza de manera que sepamos lo que tenemos que hacer, en el momento justo y de la manera adecuada.

Y si además nuestro contexto vivencial es el de la coherencia, entonces seremos poderosos y simultáneamente con gran capacidad de autogobierno. Esa es una persona sabia, aquí lo que menos importa es que alguien sea inteligente, porque la inteligencia se demuestra en la capacidad de ser feliz, eso también es autogobernarse.

Recuerda que el mundo está como está, que las cosas afuera no están en nuestras manos y, sin embargo, hay algo que depende, y siempre dependerá, de cada uno, y es cómo estoy, cómo estamos en cada situación, porque es posible estar serenos y bien en pleno centro de la tormenta; es decir, que mi felicidad no viene de afuera, y tampoco la intranquilidad, de manera que nada ni nadie podrá ponerme mal, contra mi voluntad y eso, tampoco nunca nos enseñaron en la escuela de manera que la gente anda por ahí, sufriendo, esperando que todo esté bien afuera para estar bien. La gente es infeliz, porque cree que la felicidad viene del exterior, la gente está mal, porque no sabe, nadie le dijo que estar bien es más una opción personal que algo relacionado con el dinero, el éxito o a la buena suerte.

Nos quieren sin capacidad de autogobierno para perpetuar la infelicidad y garantizarse un buen mercado de infelices, comprando lo que no necesitan.

21. COMUNICARSE ES ALGO MÁS QUE HABLAR EN FUNCIÓN DE INTERESES PERSONALES

Somos seres sociales, vivimos en grupos, interactuamos cotidianamente entre sí y, sin embargo, no se enseña una comunicación fraternal y respetuosa, no se prepara a las nuevas generaciones para saber escuchar, para ponerse en el lugar del otro, para comprender y aceptar que las diferencias también pueden unirnos y que es más hermoso un mundo culturalmente diverso. La gente en este sistema social no sabe comunicarse, en cambio está programada para el conflicto, para considerarse dueño de la verdad y salir en proselitismo para imponer y estar al ataque o la defensiva, para luchar por tener la razón, sin darse cuenta, porque nunca se lo dijeron, que tener la razón es tan irrelevante como no tenerla, que la vida y su magia están mucho más allá de esa trinchera equivocada, en la que muchos están gastando su vida.

La comunicación reflexiva, razonada, la comunicación inteligente con emociones y sentimientos incluidos, es lo que necesitamos aprender si queremos seguir viviendo en sociedad y que está no se convierta en una olla de grillos donde todos dicen algo y nadie escucha. La comunicación solidaria, que busca ayudar al otro, que no duda en ponerse en su lugar, que escucha desde el corazón; esa comunicación que usa al expresarse las palabras adecuadas, el tono preciso, la mirada compatible a la circunstancia, esa comunicación es la que hace falta aprender y la que no se enseña en las escuelas ni universidades. Entonces, uno habla a gritos, intentando imponer o desbordando emociones tal como vemos en la mayoría de nuestros hogares y eso no es comunicación adecuada, digna de seres que se denominan *Hommo Sapiens*.

Para comunicarnos adecuadamente, habrá que haber aprendido antes a estar solos, a reflexionar, a observar con serenidad, a escuchar incluso al diferente y valorar a la gente por lo que es, no por lo que obtengamos de ella.

Precisaremos saber claramente lo que queremos para estar habilitados a comprender lo que quiere el otro, entonces estaremos vacunados contra el complejo de superioridad e inferioridad y estaremos eximidos de estar al ataque o a la defensiva y sabremos el valor del silencio y podremos unirnos desde nuestras diferencias.

Saber comunicarnos es otro de los grandes vacíos que deja la educación oficial, como si se prefiriera, desde círculos dominantes, que cada uno sobreviva como pueda, mejor aún aislados, con dificultades comunicativas de manera que no surjan redes solidarias y unidades que podrían poner en tela de juicio, tanta falacia, tanta mentira pasando por verdad. Quizá la labor de los medios de comunicación masiva, sea precisamente lograr la mayor incomunicación posible, así cada uno, desde su aislamiento y distracción permanente, se queda neutralizado, ocupado en sus propias miserias y mirando un horizonte que no va más allá de donde llegan sus narices.

22. CON DINERO SOLO SE PUEDE COMPRAR TODO LO MENOS IMPORTANTE

Y esto tampoco nos lo enseñaron en la escuela, mientras en casa nos dicen que para ser felices necesitamos conseguir bastante dinero. La información distorsionada continua que recibimos mientras crecemos con ideas equivocadas, será un día refutada por la realidad, con la crudeza que le caracteriza. Podemos más adelante aprender, hacernos la autocrítica, podremos luego darnos cuenta que ese camino era equivocado, sin embargo, el tiempo perdido no regresa. Vivir teniendo como objetivo fundamental la obtención de dinero, da a nuestra vida una calidad sospechosa que nosotros cuestionamos profundamente.

Comencemos recordando que lo más importante en la vida, no se puede comprar con dinero. El amor que tanta falta nos hace, no se puede comprar en el mercado de esta sociedad donde casi todo se vende; podremos encontrar en su versión degradada de sexo, que luego se convertirá en la cama, en mera gimnasia sexual y esto, no tiene nada que ver con el amor. Tampoco es posible comprar la salud, sin embargo, vivimos acorralados de farmacias donde nos ofrecen miles de productos para administrar los síntomas, para enmascararlos, imaginándonos que está resuelto el problema, más ninguno para generar salud, porque ella se autogenera en el cuerpo a partir de un estilo de vida, de una forma de alimentarse y organizar nuestra existencia. No hay especialistas en salud ni programas que nos enseñen a no enfermarnos, porque la falta de salud es uno de los negocios más rentables en el mundo entero y no hay dinero que pueda comprar salud.

Resulta que la felicidad tampoco es posible comprarla, aunque sí podremos comprar infinidad de diversiones y actividad recreativa que disimule y anestesie la falta de felicidad. La mayoría de la gente consume intensamente diversos divertimientos, porque no soporta continuar viviendo sin sentido y con cotidiana infelicidad, empero, nunca podrá comprar esa imprescindible felicidad, que tanta falta hace.

Como acabamos de ver, el dinero por el cual damos nuestra vida, ese dinero en cuya búsqueda nos levantamos cada día de la cama a estudiar o trabajar, ese dinero no sirve para comprar las tres cosas más importantes en la vida. Para el resto, sin duda será muy útil, en especial para comprar lo que no necesitamos, de esa manera, el autoengaño continúa y la gente sigue pensando que con dinero se puede lograr todo. Esa mentira tiene que ser desenmascarada definitivamente y mejor cuanto antes, porque las nuevas generaciones no pueden malgastar su vida buscando obtener algo secundario, imaginándolo como principal. Por supuesto que no estamos hablando de vivir sin dinero ni de descuidar la atención de necesidades básicas, empero, demos al dinero el lugar que le corresponde.

Esto tenemos que saberlo, de esta manera el dinero será un medio y no un fin en sí mismo, conoceremos sus limitaciones y podremos organizar nuestra vida en función de objetivos más importantes, porque tener dinero y ser infeliz, tener dinero y carecer de salud, tener dinero y no saber amar, resulta el peor autoengaño, disimulado por la envidia de la gente que aún cree que con dinero, todo es posible.

23. LA VIDA ES UNA EMPRESA QUE REQUIERE PLANES INTELIGENTES

Esta afirmación es muy importante, la vida es como una empresa, requiere una plantación estratégica inteligente, lúcida y adecuada a lo que realmente somos y queremos. Para empezar, habrá que liberarse de influencias que no coinciden con nuestra naturaleza; tampoco podemos vivir para satisfacer expectativas ajenas, ello equivale a transitar senderos de infelicidad, porque es imposible satisfacer a todos y, en verdad, es innecesario y absurdo.

Precisamos planificar nuestra vida, dotarla de sueños que son las canteras de donde proceden los objetivos que requieren medios y maneras adecuadas para lograrlos, disfrutando de todo el trayecto. Necesitamos también tener mecanismos de autoevaluación para darnos cuenta a tiempo de los errores que podemos estar cometiendo. Junto con ello, será necesario un buen manejo del tiempo, porque este es un recurso no renovable y todo tiempo perdido es irrecuperable.

Sin embargo, no nos enseñan a planificar nuestra vida, parecería que es suficiente que vayamos cumpliendo años, como si con el paso del tiempo automáticamente uno adquiriera sabiduría y capacidad de manejar su vida. La experiencia de tanta gente viviendo mal, con una vida destrozada y sin salud ni felicidad, nos muestra que no es suficiente cumplir años, que tener experiencia por la mera acumulación de años cumplidos es otro autoengaño, que tenemos que aprender a vivir y ello requiere un proceso formativo gradual, que ojalá tomemos consciencia desde temprana edad que resulta imprescindible. A diferencia de las demás especies que ya tienen incorporado su programa vía genética, el ser humano, por su condición de ser libre, tiene que humanizarse, requiere aprender a vivir y ello implica entre otras cosas, aprender a planificar nuestra vida, a gerenciarla como una empresa, la cual, consecuencia del buen manejo, del conocimiento y consciencia con la cual la hemos manejado, logrará niveles de éxito que en el plano humano, se convertirán en salud y felicidad; es decir, en realización personal y esto, ya lo sabes, no es acromático, se aprende y si no nos enseñaron en ninguna parte, es hora de salir a buscar este conocimiento, sin el cual, la empresa de nuestra vida, entrará inevitablemente en quiebra existencial. Una prueba de ello es tanto escombro viviente caminando por las calles, pero, nunca es demasiado tarde para aprender a vivir bien. Ya sabes que estos "olvidos" en la enseñanza oficial, responden a intereses de los que nos quieren viviendo mal, para preservar un buen mercado.

24. MORTALMENTE ETERNOS

Hay algo que pasa, que transcurre imperceptiblemente, lo llamamos tiempo; quizá este sea solo un concepto para referirnos a la fugacidad que forma parte inevitable de la vida. Estamos de paso y nos guste o no, un día, impostergablemente estaremos enterrados en un cementerio o incinerados y pasaremos a ser un simple recuerdo, que cada generación posterior de descendientes recordará con menos intensidad, por ello casi nadie recuerda el nombre de sus bisabuelos. Tranquilo, vive bien tu presente y deja de preocuparte tanto por el futuro, quizá nunca lo veas o tal vez sea distinto a lo que imaginabas; en cambio, es imperante vivir el presente intensamente, porque el presente es lo único real.

Somos básicamente tiempo, fluyendo inevitablemente; cada día, es un día menos, cada día es para siempre, por eso podemos decir que el tiempo no perdona, que no vuelve, que todo tiempo perdido es un pedazo de nuestra vida, lanzada al vacío. Y sin embargo, tampoco nunca nos hablaron del tiempo y su carácter irreversible, nunca nos dijeron que estamos de paso, claro, se sobreentiende; sin embargo, qué importante es restituir la muerte a la vida y estar preparados para esta circunstancia, porque esa preparación incluirá nuestra capacitación para vivir plenamente.

Si el tiempo pasa y no vuelve, aprender a manejar el tiempo resulta uno de los aprendizajes más importantes, que jamás se realiza en escuelas ni universidades. El tiempo requiere planificarse, organizarse de tal manera, que siempre tengas tiempo para hacer lo importante, lo que necesita tu vida para mejorar en calidad en todo sentido; que siempre tengas tiempo para hacer lo que amas y el tiempo restante, que a veces será escaso, podrás destinarlo a lo secundario, a esas conversaciones sin importancia, a esas visitas intrascendentes, a los rituales sociales típicos, donde la gente se miente por turnos y aparenta lo que no es.

Sin embargo, tu tiempo es sagrado y de acuerdo a cómo elegiste vivir, será destinado por riguroso orden de prioridad, de manera que cuando llegue ese día, en el que todos tendremos que partir, podrás marcharte tranquilo, porque habrás hecho todo lo que elegiste como más importante en tu vida.

Es verdad, no nos enseñaron a manejar nuestro tiempo, a tiempo; no nos dijeron que la vida se acaba y más rápido de lo que parece, no les dijeron a los jóvenes, que eso llamado juventud dura casi nada, que cuando recién nos estamos acostumbrando a ella, ya empieza a terminarse. Por supuesto que la ausencia de enseñanza referida a manejar bien el tiempo, forma parte de ese proyecto deshumanizante y manipulador, para el cual nos tienen destinados.

25. NOS RECOMIENDAN IMITAR EN VEZ DE CREAR

Por supuesto que este modelo de sociedad no gusta de la gente lúcida, de los creativos, de aquellos que tienen criterio propio, de los rebeldes y de todas las personas con actitud crítica que no se dejan manipular. En este sentido, nada se habla de la creatividad, a nadie se enseña cómo cultivar esa vertiente creativa que yace en todos y que, a menudo, es enterrada virgen cuando morimos; a nadie se le da las herramientas necesarias para que pueda acceder a esas canteras de creatividad, a partir de las cuales podríamos refundar nuestra existencia y jugar con los problemas mientras los resolvemos.

Quienes dirigen el mundo, prefieren masas amorfas, repetitivas, acríticas, con la creatividad mutilada y la imaginación clausurada; por ello, las escuelas, los colegios y las universidades, básicamente están de acuerdo en no referirse al tema, de manera que todos se imaginen que la creación es algo inalcanzable, reservado para exóticos artistas que desde una burbuja exclusiva, pueden crear y vivir de su creación, algo tan escaso como sacarse la lotería; además, se nos induce a pensar que esos pocos seres que viven de su creación, son genios, así determinados por sus genes y que intentar imitarlos sería una imprudencia.

Totalmente falso, es más, cada vez más personas de diversas edad y procedencia, están rebelándose a semejantes sofismas y están formándose por su cuenta, están descubriendo que son creativos, que con un poco de formación pueden liberar cascadas de creatividad y ponerla al servicio de mejorar su calidad de vida e incrementar más su felicidad y alegría de vivir. Cada vez más personas en todo el mundo, están descubriendo que vivir creativamente es la mejor manera de vivir, que para una persona creativa, hasta los problemas son divertidos, que un estilo de vida concebido y realizado con creatividad, puede conducirnos de manera más rápida a nuestra realización personal.

Nos quieren repetitivos y manejados a control remoto desde la moda o la opinión pública, nos quieren zombies con exclusiva capacidad de imitar y obedecer, pretenden que aceptemos eso como normal. Sin embargo, ese camino al infierno tan recomendado no es obligatorio y cada vez somos más los disidentes. ¿Cómo empezar a ser más creativos? Busca aprender unas pocas cosas, el resto, es practicar y atreverse a ver la vida desde otros puntos de vista, porque no hay caminos únicos ni formas exclusivas. Bienvenidos los creativos que salvarán su vida y ayudarán a construir un mundo más humano.

26. QUÉ SERÍA DE MÍ SIN PROBLEMAS

Tampoco nos dijeron que los problemas son necesarios, que no podríamos vivir sin ellos; no nos enseñaron a redefinirlos y verlos de otra manera, no nos dijeron que con ellos podríamos fortalecernos y aprender enseñanzas que de otra manera, sería muy difícil acceder. Nos hicieron creer que los problemas son algo malo, que cuando ocurren es lamentable, que los problemas requieren que nos preocupemos, que estemos tristes y se los contemos a supuestos amigos con amargura. Resulta que todo esto es falso, que los problemas bien podrían ser incluso, una buena noticia.

Comencemos comprendiendo la necesidad de redefinir los problemas y verlos como parte del camino de la vida. No existe una vida sin problemas, pero, ¿qué es un problema?, podría ser una circunstancia inesperada, pues la vida es incertidumbre asegurada; podría ser un resultado distinto del esperado y eso debe estar siempre dentro de lo previsto, porque no somos videntes, no podemos ver el futuro y porque vivimos en un mundo donde hay muchos intereses en juego y muchas circunstancias que no están en nuestras manos. Entonces, quizá los problemas no existen de la manera como nos lo contaron, tal vez son componente normal de una vida que, sin ellos, carecería de sorpresa y alegría.

Entonces, los problemas no son lo que nos dijeron, ellos forman parte indisoluble de la vida, de manera que imaginarse una vida sin problemas es ingenuidad suprema; de igual forma, asociar problemas con infelicidad, es un grave error, es hacer depender nuestra felicidad de la inseguridad que supone vivir y ello equivale a condenarse a vivir mal, porque, no todas las cosas saldrán como esperamos, es decir, hagamos lo que hagamos, tendremos problemas y eso no tendría que interrumpir nuestra felicidad.

Redefinidos los problemas, podemos verlos como parte inherente y natural de nuestras existencias, es más, tendríamos que extrañarnos cuando no tenemos problemas sin olvidarnos que un problema o varios, por muy fuerte que parezca, no tiene que interrumpir nuestra felicidad, la cual dependerá de nosotros y no de las cambiantes circunstancias de donde provienen la mayoría de los problemas.

De lo que se trata entonces, es de aprender a convivir con los problemas, porque ellos son inevitables como los microbios y no podemos vivir sin ellos. Aprendamos a manejar nuestra vida, como quien conduce un auto por calles con curvas y huecos, esos son los problemas, si sabemos manejar bien el auto en el que viajamos, no tenemos por qué sufrir ni lamentarnos; al contrario, los problemas pueden ser factor de diversión. Recuerda que en muchos idiomas, en especial indígenas, la palabra problema no existe, eso podría significar que en realidad los problemas no existen, que es solo una forma complicada, dramatizada de ver las cosas que pasan en la vida, típica de esta decadente cultura occidental que necesita vernos en problemas, para luego vendernos soluciones.

27. TÓMATE EN SERIO EL HUMOR

Y luego de enseñarnos tantos conocimientos distorsionados, tantas mentiras; luego de evitar cuidadosamente referirse a los temas importantes, como estamos viendo en esta obra, por supuesto que no podían olvidar extirparnos, desde la más temprana infancia, nuestro maravilloso sentido del humor, con el cual nos diferenciamos de las demás especies. Es verdad, la especie canina puede mostrar los dientes, pero ello no significa precisamente un gesto de alegría o humor, este parece reservado a la especie humana, por eso, quienes carecen del sentido del humor en sus vidas, terminan viviendo al ataque o a la defensiva, como víctimas o como verdugos, es decir, más cerca del mundo animal que del *Hommo sapiens.*

Tenemos la capacidad de tomar consciencia de nuestra fugacidad, comprenderlo de manera distinta al instinto animal que presiente la muerte cuando se acerca; podemos darnos cuenta de nuestros errores y ser autocríticos, aprender de ellos y saber evitarlos en el futuro, podemos enfadarnos o reírnos, maldecir, complicarnos o disfrutar y burlarnos incluso de nosotros mismos; todo esto, tendría que depender de uno mismo, sin embargo, desde el hogar nos programaron para la complicación, nos entrenaron para sufrir, para estar de mal humor, de manera que cuando nos envían a la escuela, con los absurdos que allí nos enseñan, profundizamos esa capacidad de pasarlo mal, de agobiarse, de tener mal humor, incluso de hacer gala de él y creer, erróneamente, que ese pésimo sentido de humor nos hará más respetables.

Con frecuencia me preguntan durante mis conferencias, qué es para mí el sentido del humor y prefiero responder afirmando que simplemente es otro punto de vista, porque desde él, todo se ve diferente, descomplicado, divertido. Es posible encontrar el lado humorístico a todas las situaciones, es posible reírse casi de todo, obviamente en algunas circunstancias, el humor será imperceptible y se traducirá básicamente en esa capacidad de preservar la serenidad, la calma profunda, desde la cual, continuaremos viendo la vida de manera distinta.

Tener humor para nosotros, no es estar riendo todo el día sino tener una actitud entusiasta de la vida, descomplicada, optimista; es lograr un nivel de intensidad existencial, que cada día sea una fiesta, un ritual de celebración, una danza con los imprevistos, con las adversidades, con los llamados problemas con los cuales, con la actitud adecuada, terminarás fortaleciéndote, aprendiendo y, por supuesto, disfrutando.

28. LA INCAPACIDAD DE SER SOLIDARIO, ES UNA ENFERMEDAD MENTAL

Vivimos en una sociedad donde todo está direccionado para que nos pasemos toda la vida sin darnos cuenta en qué consistía la vida. Este modelo social funciona solamente cuando la gente actúa sin solidaridad, enquistada en un recalcitrante egoísmo desde el cual interactúa con los demás, con más miedo que ganas de compartir.

Sin embargo, esto no es natural. El individualismo, al igual que muchas otras aberraciones, son parte del aprendizaje cultural, menos mal, si no tendríamos que culpar a nuestros genes y admitir que los humanos somos egoístas por naturaleza.

Nos volvieron individualistas, nos programaron para pensar solo en uno mismo, nos hicieron ver que lo normal es no compartir, aunque tengamos en abundancia. Por ello, no es extraño presenciar cómo los países ricos, cuando tienen sobreproducción de alimentos, en vez de enviar donaciones a los países que están pasando hambre, prefieren incinerar o echar al mar esos alimentos sobrantes. A escala menor, en los hogares se enseña a los niños a no prestar sus juguetes, a no compartir lo que tienen, a defender incluso con violencia lo que es suyo, de esta manera se siembran las semillas de la propiedad privada que quizá sea la primera forma de robar, en la medida en que no opera esta posibilidad en un contexto de justicia social y equitativa redistribución de las riquezas.

Nos programaron para el egoísmo, porque de esa manera, al negarse a compartir la gente lo que tiene (aunque no lo esté usando), se le podrá vender a cada uno, es más, se nos bombardea para que cada persona, cada miembro de la familia tenga su propio auto, no importa que la velocidad de circulación disminuya cada año, porque las calles no se multiplican a la velocidad de los autos, no importa cuánto se contamina, ni el calentamiento global, sino, y solo, el lucro, la ganancia a toda costa. Ser egoístas, sin duda, es mejor mercado que legiones de gente solidaria que viven compartiendo en vez de competir, apoyándose mutuamente en vez de esa indiferencia generalizada que lograron imponer. Ser egoístas es sin duda más rentable para ellos, pero para quienes participamos como parte de la población mayoritaria es un paso hacia la deshumanización, porque el humano ha sobrevivido desde tiempos remotos, solamente gracias a las acciones solidarias de nuestros remotos antepasados, que pudieron enfrentar grandes peligros y especies mejor equipadas, con estrategias inteligentes y acciones solidarias.

Seamos solidarios, aunque sea solamente para molestar a este sistema. Seamos solidarios y descubriremos que compartir, es una manera superior de vivir. Seamos solidarios porque un día, cuando partamos, desnudos marcharemos, igual que cuando nacimos y porque la alegría del que recibe, es una ganancia invisible, reservada para gente solidaria.

29. ESTA ES, LA PALABRA MÁS IMPORTANTE

Gracias, es la palabra que más veces tendríamos que pronunciar todos los días; gracias porque la vida es un regalo que quizá ni siquiera lo merecíamos; gracias porque nos dieron un cuerpo maravillosamente dotado para realizar todo lo que precisamos; gracias porque cada órgano es increíble, cada célula es sorprendente, porque somos lo mismo que el universo en pequeño y si no parece, mira una gota de tu sangre al microscopio, es lo mismo que contemplar el cielo despejado en la noche con telescopio.

Gracias, porque a pesar de todo cada día continua amaneciendo; porque si estás leyendo estas palabras, aún estás vivo, mientras otros ya reposan en el cementerio. Tú sabes, la muerte no es cuestión de edad, poca gente muere de muerte natural y a ti te tocó continuar vivo, agradécelo. Gracias, porque con independencia de cómo nos manejemos, la vida continúa dándonos nuevas oportunidades; gracias, porque pudimos recibir hoy, un nuevo día de vida, no sabemos cuántos más tendremos, algún día, ese día será el último día y también habrá que agradecerlo, porque si vivimos agradeciendo, todo es un regalo, una enseñanza, hasta la inevitable muerte si agradecemos, se convertirá en el amanecer de otro día.

Y como tantas veces ya lo denunciamos, tampoco nos enseñan a ser agradecidos, en el mejor de los casos, aprendemos a decir un mecánico gracias, mientras a menudo estamos pensando en otra cosa. Agradecer es conectarnos energéticamente por un instante con esa persona, lugar o ser vivo cualquiera, es afinar nuestro instrumento musical a la sinfonía cósmica, es vibrar en la misma frecuencia que el universo y tomar consciencia de ser parte de algo mayor. Al agradecer recordamos que la vida es un ritual de energía, mágico y desconocido, pero real y del cual participamos.

Quien agradece es poderoso, en cambio los que van por la vida de manera agresiva, mecánica o dormida, es habitual que no se detengan a agradecer, para ellos, la vida no tiene sentido, prefieren vivir como máquinas, siguiendo el libreto oficial para el cual fueron entrenados. Quizá no tengan toda la responsabilidad, empero son cómplices del absurdo de vivir sin darse cuenta.

Vivir agradecidos y agradeciendo nos permite vivir a colores, en vez de la propuesta oficial que nos induce a una vida gris, carente de sentido y de consciencia.

30. SIN VOLUNTAD, SOMOS UN AUTO SIN MOTOR

Es habitual que se nos atiborre de datos inservibles, que se nos haga aprender cantidad de información que nunca usaremos; es normal que nos enseñen mentiras y todo aquello secundario, de manera que estemos ocupados, que no tengamos tiempo para darnos cuenta ni ganas, por el cansancio con el cual regresamos a casa.

Es normal que se nos invada, incluso donde vivimos, con una cantidad de estímulos vía televisiva e internet, obviamente con nuestro consentimiento, que se nos persuada usando las más sofisticadas técnicas de manipulación y se nos convenza que así como vive la mayoría, así se tiene que vivir, que hacerlo de otra manera, podría ser sospecho y mal visto. En este contexto se nos intenta convencer que hay que vivir con el menor esfuerzo posible, que la vida tiene que ser cómoda, que la casa tiene que estar llena de objetos cada vez más sofisticados, que hagan el trabajo por nosotros, que tenemos que estar a la moda, que es bueno comprar el producto tecnológico más nuevo, en un tiempo en el que el período de obsolescencia de un producto, es apenas de pocos meses, de esta manera nos atan a un circuito de consumismo que no da tiempo para, ni siquiera, darse cuenta de este absurdo.

Nunca se nos enseñó, por ejemplo, la importancia de la disciplina y de cultivar la voluntad; nunca se nos dijo que para alcanzar la cima de la montaña de la realización personal, precisamos hacer un trabajo interior, es decir, conocernos y forjar nuestra voluntad, así como dotarnos de una rigurosa disciplina, la cual además tenemos que aprender a disfrutarla, porque no se trata de sufrir ni pasarlo mal. Tampoco se nos enseñó la importancia de la autoobservación, de manera que podamos identificar los aspectos débiles que tenemos, los puntos vulnerables que es preciso trabajar y fortalecer, para luego convertirlos en fortalezas y, desde ellas, plantear una vida de realizaciones y felicidad; todo esto tiene que ver más con un trabajo interior y de autoconocimiento, al cual todos podemos acceder con un poco de información al respecto.

Si cultivas una voluntad pétrea y te haces amigo de la disciplina, podrás llegar muy lejos, contra la voluntad de quienes nos prefieren, pasivos, inactivos y estúpidos.

31. ESA ES LA CLAVE DE LA TRANSFORMACIÓN

La gente que finalmente se cansa del sinsentido o la que intuye que la vida es algo más, o aquellos que llegan a la conclusión, luego de pensar por sí mismos, que su vida puede ser diferente y se apartan del rebaño, a menudo no encuentran metodologías adecuadas para transformar sus vidas, porque de esto no se habla, con excepción de quienes lo hacen usando señuelos y diversas trampas, desde sectas religiosas que en nombre de la liberación personal nos llenan de cadenas, de manera que en estos casos, la solución, resulta peor que el problema del que uno intentaba salir.

No se divulgan las claves de la transformación, obviamente, no interesa que ello ocurra, incluso circulan rumores sensacionalistas de personas que intentando hacer alguna transformación en sus vidas, terminaron en el manicomio. Quizá esta alarma sea en un solo caso válida: cuando caemos en manos de sectas religiosas, estas alteran de tal manera nuestra personalidad, que dejamos de ser nosotros mismos, para convertirnos en zombies programados para seguir acríticamente a algún líder.

Es importante que esto lo sepan, en especial, las nuevas generaciones. Ninguna religión, ninguna secta, ninguna firma de fanatismo es recomendable. Para realizar transformaciones importantes en nuestra vida, no hace falta que nos acerquemos a religión alguna, la transformación personal no es un tema religioso, es más, donde menos se habla de transformación es precisamente en las religiones, ellas trabajan con base en la fe, mientras que, para cambiar, es bueno saber que para transformarnos trabajamos con la duda, con las preguntas, con el poner todo en tela de juicio y ese es otro camino, totalmente distinto al que siguen las religiones.

Transformarse es posible en todos los casos, con características distintas en cada persona, porque cada uno es único y con una historia personal irrepetible. Para transformarse, lo primero que requerimos es mucho valor, porque no todos comprenderán que nos apartamos del rebaño. En segundo lugar, hace falta una actitud profundamente terca, casi caprichosa, para que ninguna persona nos convenza de seguir como estábamos antes, es decir, como todos; en tercer lugar, es necesario tener claro lo que queremos, el rumbo que elegimos tomar y, finalmente, abramos los ojos y veamos cómo operan las transformaciones en la naturaleza. Miremos cómo amanece, cómo anochece, cómo empiezan las estaciones, cómo crecen los árboles; todo opera con una rigurosa gradualidad, tan lento que parece que nada cambia y, sin embargo, todo está en una dinámica transformacional indetenible.

Si quieres cambiar, si quieres lograr transformaciones profundas, debes armarte de paciencia, además de cumplir los requisitos antes mencionados y elaborar una estrategia de transformación gradual, lenta, tan lentamente que nadie se dé cuenta, es más, hasta tú tendrías que terminar sorprendiéndote de tus cambios.

De esta manera los cambios ocurren sin generar resistencias, sin sufrirlos ni desesperarse; de esta manera también tú puedes estar seguro que tus cambios serán posibles y lo más importante, estarán en tus manos es decir, en buenas manos.

32. NO PODEMOS IR POR LA CALLE, DESNUDOS DE SUEÑOS

El carecer de sueños es un tipo de nudismo de muy mal gusto, porque sin sueños nos parecemos a cualquier reptil, arrastrándose intrascendentemente sin perspectiva ni sentido.

Ocurre, sin embargo, que no solo no nos enseñan a soñar sino que desde la infancia, se va anulando la capacidad de soñar que tenemos, primero nos cortan las alas y nos dicen que arrastrarse por la vida es lo normal, que casi todos lo hacen y luego nos critican por no saber volar.

Las nuevas generaciones con frecuencia son criticadas por estar como están y, sin embargo, ¿dónde estudiaron los jóvenes para volverse drogadictos?, ¿dónde se especializaron en complicarse para sufrir?, ¿dónde aprendieron a ser infelices?, ¿dónde vieron que la vida es complicada?, ¿dónde observaron gente envenenándose, matándose y haciéndose daño de las más variadas formas?, ¿dónde perdieron los jóvenes su capacidad de soñar, de volar, su galopante imaginación y esa infinita creatividad que cuando eran niños pequeños la tenían a flor de piel? Sin duda, todo esto se fue aprendido en las escuelas de este sistema social, en sus sucursales hogar, centros educativos y medios de comunicación. En estos sitios las nuevas generaciones presenciaron cómo sus mayores se cortaban a sí mismos las alas y luego les decían a los jóvenes que hagan lo mismo, porque la vida según ellos, no incluye vuelos ni felicidades, ni libertades, ni creatividad.

Y les enseñaron a ir por la vida mutilados en su capacidad soñadora, los volvieron supuestamente realistas, pero nunca les dijeron que la realidad no es una, que la realidad la construye cada uno con su modalidad perceptiva, con su paradigma y su escala de valores, con su manera de interpretar las cosas y que no hay una sola manera de entender la realidad, sino todo lo contrario, que ella, al ser construida por cada persona, puede ser elaborada y reelaborada.

Entonces, los jóvenes crecieron pensando que la vida es solo eso, resignación o rebeldía vía adicción cuando en verdad, la vida comienza a descubrirse, desde el momento que recuperamos las alas, nos armamos de valor y nos atrevemos a soñar de nuevo, y sin que nos importe la opinión de los demás nos lanzamos a la vida, vestidos de sueños y transportando lo único que tenemos, a nosotros mismos, pero esta vez, como realmente queremos ser, sin pedir permiso a nadie, porque la vida, esta vida es nuestra y dura un instante.

33. LOS JÓVENES SON EL FUTURO PERO... ¿HABRÁ FUTURO?

Hay un asesinato silencioso y cotidiano del que no se habla y cuando se refieren a él, obligados por las circunstancias, se aseguran de no decir nada que genere reflexión de manera que todo continúe como si no pasara nada. El problema es que si seguimos así, terminará pasando el planeta, el cual pronto perderá su capacidad de mantener vida en su seno, todo ello, ocasionado por un estilo de vida irresponsable, característica de este modelo de sociedad, que buscando el lucro de unos cuantos, no duda en destruir todo lo que esté a su alcance.

El ecocidio está en marcha, provocado por un estilo de vida y un modelo de desarrollo típico de esta sociedad capitalista. Ocurre, sin embargo, que de manera muy hábil convencieron a casi toda la población para que acepte una forma de vivir que destruye a la gente, mata toda clase de especies y asesina a la Madre Tierra. Y todos se fueron sumando, las últimas décadas, a esa forma nefasta de vivir y lo hicieron con total naturalidad, como si siempre se hubiera vivido así, es más, hay niños que creen que siempre se vivió así, hay jóvenes que creen que los niveles de consumo que tienen los países industrializados ocurren en todas partes, ignorando que gran parte de la población mundial no tiene ni para comer todos los días.

Cuando se habla de ecología, se refieren básicamente a la versión técnica, como si fuera un tema exclusivo de especialistas, de esta manera, casi nadie se sentirá atraído por ella, incluso, quienes inicialmente tengan alguna preocupación al respecto, quedarán mareados por tanta terminología especializada y abandonarán su intento de formarse o informarse ecológicamente. Todo eso es parte de un plan desinformativo para que la gente no sepa nada y todo siga igual.

El panorama en las escuelas, en las universidades no es distinto, el tema ecológico está frontalmente descartado y cuando se lo toma en cuenta, será también aludiendo a la ecología técnica, esa que habla de contaminación sin referirse a las causas estructurales, a los que proponen solucionar toda la problemática ecológica con filtros y medidas ecotecnofascistas, mas nunca cuestionando el sistema capitalista que produce el colapso ecológico, nunca identificando a los verdaderos responsables, nunca atreviéndose a mencionar la necesidad de cambiar el modelo social y optar por otro más ecológico y humano.

No se dice casi nada relevante del tema ecológico, porque profundizar en este aspecto nos llevará inevitablemente a cuestionar formas de vida y de organización y, con ello, todo el modelo social en que vivimos, que solo puede existir destruyendo masivamente a la naturaleza y a toda forma de vida.

34. ¿Y POR QUÉ NO ENVIAMOS A LOS PADRES A LA ESCUELA?

Esto que comenzó siendo una inocente pregunta de un niño, podría ser una de las propuestas más interesantes de este tiempo. Hace falta escuelas para aprender a ser padres y que solo, quienes se han graduado de ellas, estén autorizados para tener hijos, porque sin esta formación previa, estará garantizada la destrucción de las nuevas generaciones, desde la misma concepción.

No podemos continuar dejando en manos de los que tienen la capacidad biológica de engendrar un nuevo ser, la educación de las nuevas generaciones. ¿Por qué los padres, por el solo hecho de haber aportado la célula germinal se apropian de los seres que nacen? ¿Acaso cada uno no es respetable en sí mismo, sujeto y no objeto y por tanto imposible de ser cosificado ni apropiado por nadie? ¿Qué derecho tienen los que me concibieron de decir "mi hijo" cuando en verdad cada uno es de uno mismo y de nadie más? ¿Por qué llevar la lógica de la propiedad privada al terreno del advenimiento de las nuevas generaciones y en ese contexto los padres apoderarse de los hijos, tener derecho sobre ellos, derecho a decidir lo que deberán ser en la vida además de darles los habituales malos ejemplos? ¿Quién autorizó a los padres a poder decidir sobre sus hijos y lo que más les conviene a estos? ¿Qué derecho moral tiene un papá de enseñarle a su hijo a ser libre, si él nunca lo fue? ¿Y decirle que tiene que ser feliz si el jamás conoció la felicidad? ¿Qué derecho tienen los papás de exigir que sus hijos triunfen en la vida cuando ellos fracasaron? Y no es que sea malo triunfar, el problema es, ¿qué quieren ellos, los papás, al decidir en qué área de la vida "sus hijos" deben destacarse?

Todo esto es, a esta altura de la vida, francamente inaceptable. No podemos continuar admitiendo padres autoritarios que desde su incoherencia fundamentan su prepotencia en que son los que mantienen económicamente la casa. Si ese es el problema, que los jóvenes trabajen y paguen alquiler en su hogar para, de esta manera, preservar su libertad o que el gasto que los padres realizan en los hijos sea un préstamo, como un crédito bancario, que los jóvenes devolverán posteriormente pero a condición de no ser propiedad de nadie, que ninguna persona decida sobre ellos ni se les exija ser lo que no sienten que tienen que ser, ni estudiar lo que no les gusta, ni vivir de tal manera, solo para complacer a los padres de familia.

Quizá lo mejor sea, enviar a los papás a la escuela, es decir, crear escuelas para aprender a ser padres, de manera que el daño que ellos realizan en sus hijos, consciente o inconscientemente, sea disminuido, ojalá erradicado y que los papás que no aprobaron en esta escuela, no tengan derecho a tener hijos.

Casi no se habla de la familia, ni se ven los perjuicios que genera en las nuevas generaciones, ni se pone en tela de juicio el modelo matrimonial y familiar, porque es ahí donde se reproduce inicialmente este modelo social y sus encantadoras aberraciones.

35. DEJA EN LIBERTAD TU LIBERTAD

Se habla con insistencia de la libertad pero en términos teóricos y abstractos; se habla de la libertad, pero solo se habla, no se piensa seriamente que alguien debería encarnar la libertad, es más, esto podría ser visto como una provocación porque en tierra donde todos están llenos de cadenas, ser libre podría interpretarse como un insulto a las buenas costumbres de los demás, que aceptaron como normal, todas las variantes de cadenas que se puedan concebir.

En la escuela, por supuesto que no se enseña a ser libres y en el hogar se siembra la semilla del miedo a la libertad y se convence a la gente que es mejor vivir como todos los demás, se sobreentiende esto como lleno de cadenas, de limitaciones, de prejuicios y repitiendo lo que hacen los demás.

No nos quieren libres, porque los libres tenemos pocas necesidades. Por ejemplo, no necesitamos casi nada de los centros comerciales, porque estamos libres de la esclavitud de la moda, entonces nos vestimos como sentimos que tenemos que hacerlo, sin que la opinión de los demás nos influya. Tampoco necesitamos el visto bueno de la opinión pública, respecto a cómo vivir, qué cambios hacer en nuestra vida y qué creencias descartar, eso lo decidimos en conversaciones reflexivas con nuestra propia consciencia y con nadie más. Los libres no necesitamos ser famosos para disfrutar la vida, ni precisamos imitar a nadie; no nos hace falta mucho dinero, porque tenemos menos necesidades que el resto y eso nos da recursos adicionales y más tiempo para hacer lo que amamos.

Los libres, sin embargo, somos totalmente responsables, precisamente por ser libres nos hacemos cargo de nuestra vida, no estamos esperando que nadie nos salve, no nos portamos bien por interés a un paraíso ni por miedo a un infierno, sino porque nos gusta vivir bien, porque ser libres incluye hacerse cargo de cada uno de los aspectos de la vida y no tener que dar explicaciones a nadie, excepto a nuestra propia consciencia. Ser libre es no hacer daño a los demás ni a la Madre Tierra, es vivir cada día disfrutando y haciendo lo que uno ama, sabiendo que a veces toca hacer lo que uno tienen que hacer.

Sabemos que no hay lugares donde aprender a ser libres, que la libertad está mal vista y que nos prefieren llenos de cadenas. Y por ello estamos atentos, porque sabemos también que sin libertad, la vida, nuestra vida, no tendría sentido.

Soy libre de adicciones y miedos, de la opinión pública y de toda forma de autoengaño.

36. VIAJAR ES LA MEJOR ESCUELA

Nunca dije que estudiar sea malo, al contrario, creo que tenemos que estudiar mucho, pero no necesariamente lo que nos enseñan en escuelas y universidades. Si uno quiere un título, termine sus estudios universitarios, pero no crea todo lo que le dicen ni deje que esa formación influya mucho en su vida. Si estudias en una escuela o Universidad, sabiendo que eso no es lo más importante y que lo fundamental tendrás que aprenderlo por tu cuenta, adelante, puedes lograr los títulos que desees.

Sin embargo, es importante saber que ningún estudio tendría que impedirnos viajar, ninguna escuela debería tomar todo nuestro tiempo, porque cada edad es para siempre, es decir, no regresa ni espera. No podemos hipotecar nuestra vida en nombre de la educación; si quieres estudiar, adelante, pero elige tú; si quieres estudiar, adelante, pero no dejes de hacer lo que amas mientras estudias; si quieres estudiar, maravilloso, pero organízate de tal manera que cada año y mejor aún, varias veces al año, puedas viajar a los sitios que te interesa conocer, de esa manera tu formación será más integral y tu mente estará más abierta y podrás ver que la vida tiene muchas maneras de ejercerla. Creo que vivir sin viajar es una gran imprudencia.

Está claro que no se habla del viajar en sentido profundo ni se incluye en ningún programa educativo. No se menciona las ventajas de los viajes ni se prepara a los jóvenes para viajar aprendiendo, para aprender viajando, para convertirse en viajeros aprendices y disfrutadores, libres de adicciones y descubridores de tanta enseñanza disponible para el buscador atento. No se estimula a los jóvenes a descubrir el mundo, a viajar y simultáneamente viajar a ellos mismos, porque fuera de nuestra rutina, podemos conocer aspectos de nuestra vida, que en la rutina diaria no saldrán con facilidad.

Viajar nos ayuda a conocernos, a salir de nuestros escudos, a dejar nuestras máscaras, a enfrentar nuestros miedos mostrándonos además otros estilos de vida, otras maneras de solucionar los problemas de siempre, porque los desafíos del hombre son parecidos y las respuestas infinitamente variadas y descubrir esto, vivenciarlo en sus diferentes matices, nos inspira y madura, nos ayuda a profundizar en la vida que siempre será una pregunta abierta para la mente del buscador.

Viajar también nos enseña a ser más humildes, a ser más flexibles, a tener paciencia y sentido del humor y nos recuerda la inseguridad que implica la vida y que la rutina enmascara. Si tenemos el valor de viajar como un acto de autoconocimiento, entonces era un viaje doble y quien regrese del mismo, será una mejor persona. Todo esto, sin embargo, no se menciona siquiera y cuando surgen los viajes, la costumbre es que sean superficiales y frívolos, llenos de adicciones y desenfreno, en especial entre los jóvenes, que aprendieron muy bien de sus mayores el arte de hacerse daño aparentando que todo está bien.

Viaja a descubrir el mundo y también a conocerte a ti mismo.

37. EL PRESENTE ES LO ÚNICO PRESENTE

Hay quienes viven prisioneros de su pasado, atrapados en esa cárcel invisible de la que no pueden salir. La ausencia de una buena educación en esta sociedad, predispone a este problema, por otro lado, hay otros que se enfocan tanto en el futuro, que descuidan su presente y, finalmente, un día descubren que ese futuro que esperaban tanto, nunca llegó o si lo hizo, vino de otra manera. En vano tanta energía gastada, tanto tiempo invertido. Por supuesto que no se trata de descuidar el futuro, pero intentar vivir lo que aún no llegó resulta un mal negocio porque el presente es lo único real y dejar de vivirlo es un grave error.

Entonces, ¿qué hacer? Limítate a vivir el presente, es lo que tienes, es lo que se está marchando mientras estás distraído. Aprende del pasado, en especial de los errores, así evitarás repetirlos. Prepárate para el futuro, elige el futuro que quisieras, pero no olvides que nadie te garantiza que mañana despiertes vivo; todos los que murieron anoche, tenían planes para el futuro que en su caso nunca llegó, por ello es fundamental que no dejemos de vivir intensamente este único presente y, desde él, que podamos proyectarnos atrás o adelante, aprendiendo o planificando, pero siempre viviendo el presente.

Ya sé que tampoco se prepara a nadie para vivir dignamente el presente, entonces, la gente se confunde y queda atrapada en el pasado o el futuro y lo pasa mal, y sufre en vano porque es innecesario preocuparse por situaciones que quizá nunca ocurran. Vivir el presente significa, en nuestro caso, planificar el futuro pero no depender de él, aprender del pasado pero no transportarlo a cuestas, significa disfrutar la vida con la intensidad qué decidimos para nosotros, sabiendo que estamos de paso y que mañana estaremos alojados en algún cementerio.

Y que no importe que no te hayan enseñado en la escuela a vivir el presente. Si la gente aprendiera esto oportunamente, el mundo estaría en mejores condiciones. Hay demasiada gente sufriendo y sin sentido; algunos se consuelan pensando que el sufrimiento incluye aprendizajes necesarios, es verdad, pero también esos conocimientos están incluidos en la felicidad y la celebración. Si puedes despertarte con una agradable música por la mañana, no tiene sentido que alguien te rompa un palo en la cabeza para despertarte; si podemos elegir mejores formas para hacer las cosas que precisamos, elijamos aprender, crecer y transformarnos sin sufrir. Ya hay demasiada gente en el mundo sufriendo sin motivo y sin perspectivas de transformación.

El resto, limítate a vivir el presente, porque desde un habitar conscientemente tu presente, comprenderás, o quizá vía intuición, que la vida era otra cosa y nos lo estaban ocultando.

38. APRENDER A APRENDER

Vivimos en un mundo escolarizado y, sin embargo, hay pocos aprendices. Parecería que se quiere hacer básicamente un simulacro donde unos cobran por enseñar lo que no sirve o aquello que desconocen y otros, obligados por las circunstancias en principio, acuden contra su voluntad a aprender lo que a menudo nunca utilizarán, es más, contenidos que nunca aprenderán, más allá de aprobar examines y pruebas que no prueban nada, porque lo que se aprende de memoria para vencer en una prueba, a los pocos días ya no se recuerda, con lo cual queda consumado el show donde cada uno miente, pero cree en lo que hace.

El detalle es que nunca se enseñó realmente al arte de aprender, que está precedido de la construcción del aprendiz, de ese ser capacitado para aprender de todo lo que pasa. Para un buen aprendiz, no hay situaciones adversas a su aprendizaje, es más, puede a veces aprender en situaciones difíciles, desagradables, incómodas, pero el aprendizaje de todas maneras ocurrirá y no se habrá perdido tiempo ni oportunidades que el aprendiz sabe que no se debe desperdiciar.

Construir al aprendiz es quizá una de las tareas más importantes y la que, por supuesto, nunca ocurrirá en la lógica de un sistema que no busca aprendices sino repetidores. Está claro que no les conviene entrenar a las nuevas generaciones en destrezas de aprendizaje porque podrían aprender más de lo que su libreto tiene previsto y, para no correr ese riesgo, optan por suprimir al aprendiz, desde su calidad de embrión y dejar en su reemplazo ese alumno que hace una grotesca pantomima, aparentando aprender lo que no comprende, lo que no le servirá en el futuro, pero que como parte del cinismo educativo, corresponde participar del festín didáctico, donde lo único que hacemos es perder tiempo; total, razona el sistema, lo importante es mantener a los jóvenes ocupados, no vaya a ser que se les ocurra ponerse a reflexionar, a desarrollar un espíritu crítico y darse cuenta de tantas mentiras vigentes, por todo lado, disfrazadas de verdades.

Mientras no se construya profundamente al aprendiz, el estudiante podrá vencer cursos cada año, podrá tener incluso excelentes calificaciones, podrá lograr diversos diplomas, terminar sus cursos con excelencia y, sin embargo, el verdadero hecho educativo, ese que libera potenciales y permite que cada uno piense con cabeza propia, ese aprendizaje que transforma vidas y despierta consciencias, aún estará pendiente.

No está previsto que se forme aprendices, no contempla esta situación ningún programa educativo, ellos saben y se cuidan, que no pueden, no deben fabricar a su propio verdugo, en un tiempo en que las falacias están perdiendo vigencia y las máscaras se diluyen con sorprendente rapidez.

Que cada uno construya en sí mismo ese aprendiz indetenible que donde sea se encuentre, sabrá lo que tiene que aprender sin demora y con la alegría de quien se sabe, liberando un potencial.

39. URGENTE, REBELARSE

Si la vida no tiene sentido, rebelarse, sin duda, es un deber y para ello no precisamos permiso de nadie. Cuando el absurdo deviene en normalidad, cuando por donde sea que miremos, solo presenciamos corrupción, infelicidad, enfermedad, falacias, rebelarse es un deber ético, para no quedar comprometido en complicidades y otras aberraciones que podríamos terminar cometiendo por miedo u omisión.

Se tiende a criticar a los que se rebelan, se los denomina inadaptados, pero, ¿por qué tendríamos que adaptarnos a un orden establecido con el que discrepamos totalmente?, ¿por qué tendríamos que ser sumisos mientras destruyen nuestro planeta y toda forma de vida incluyendo la nuestra?, ¿por qué tendríamos que conformarnos a ver el ecocidio, el etnocidio, el genocidio en nombre de dioses, democracias, libertades y otras falacias?

Hay un punto en el cual ya no podemos seguir soportando lo insoportable, en especial cuando atentan contra la posibilidad de continuar viviendo en el planeta y cuando el futuro de nuestros hijos, de nuestros nietos y de todas las generaciones próximas está en riesgo. Es que no tienen derecho a decidir por las generaciones futuras, es que no se puede ver pasivamente cómo atacan lo más valioso que tenemos que son las nuevas generaciones y todo, por incrementar su poder e ingresos económicos.

Quizá nunca te dijeron que rebelarse es bueno, es necesario, es justo, tal vez nunca te hablaron con semejante énfasis, porque hemos llegado a un punto en el que ya no podemos pasar de neutrales, es preciso, y cuanto antes, tomar una posición y levantar la voz, desmarcarse del rebaño conducido a control remoto y cuestionar, discrepar y rebelarse, apuntarse a la disidencia y formar parte de corrientes de opinión críticas y cuestionadoras a todos aquellos aspectos que urgentemente deben cambiar.

Y contagiemos la rebeldía, que se alcen las voces críticas, que en los centros educativos los rebeldes sean bien vistos e imitados; que podamos entrar en contacto con rebeldes de todas partes. Para ello nos sirven las nuevas herramientas comunicativas, así nos daremos cuenta que no estamos solos, que cada vez somos más los rebeldes, los que nos atrevemos a decir basta al sinsentido, al absurdo, a la indiferencia que tanto les gusta, porque nada mejor para gobernar injustamente que pueblos estúpidos y sumisos, jóvenes sin capacidad de contestar, de darse cuenta y de levantarse.

Si no te lo dijeron antes, es bueno que incorpores en tu lista de temas importantes la rebeldía como forma de vida. Se sabe además que esta es contagiosa, que hay mucha gente en todas partes esperando ver personas de distinta edad, rebelándose para hacer lo mismo. Que nuestra rebeldía se note y se masifique.

40. AMO, LUEGO EXISTO

Sin embargo, nada de esto tendría sentido si no llegamos al punto de hacer todo por amor. Es que no podemos permitir que el amor haya sido enclaustrado en lo conyugal y fuera de él, casi no exista. El amor es uno de los componentes que ayuda a dar sentido a la existencia, sin embargo, hace falta aprender a amar y esto, tampoco tenemos dónde aprenderlo.

Se sabe que sin afecto no es posible vivir, de niños nos desnutrimos y lloramos, de grandes nos desequilibramos; el amor entendido como la energía más poderosa es un eje regulador significativo al punto que con su presencia nos armonizamos y organizamos desde dentro, porque el amor tiene esa capacidad de poner las cosas en su sitio, por eso pertenece, no al ámbito de la ciencia sino de la magia, ese territorio inexplicable donde todo es posible, incluso los milagros.

Nunca nos hablaron del amor en los términos precisos, como fuerza transformadora, revolucionaria, sanadora y alquímica; nunca nos presentaron al amor con esa fuerza capaz de tantas cosas, ni nos dijeron que para amar hace falta estar bien, es decir, ser previamente felices o sea, el amor está reservado para quienes están viviendo bien, en su centro, haciendo lo que tienen que hacer; el amor está reservado para quienes vencieron el miedo y se enamoraron de la vida indefinidamente. Nunca señalaron que el amor es la fuerza capaz de instaurar verdaderos procesos de transformación social, que nadie es más revolucionario que quien está impulsado por el amor a la vida, que los grandes idealistas, los grandes líderes de todos los tiempos, básicamente fueron impulsados por el amor.

Y como no podía ser de otra manera, no solo no se habla del amor, sino que no hay donde aprender a amar, más aún cuando no aceptamos su versión restringida, vinculada a la experiencia conyugal. Es que amar es mucho más que convivir con una persona, amar es cantar con todas las notas, es interpretar muchos instrumentos, es cantar en varios idiomas, amar es saborear los colores de las flores, sin que ninguna acapare exclusiva y excluyentemente nuestra atención; es decir, el amor comienza amando al amor mismo y a uno mismo y, desde uno, a la vida y al interior de ella, a todos los que tu elijas, cada uno en su contexto y de la manera precisa, empero respetando la libertad que caracteriza al amor y sus circunstancias mágicas.

Aprende a amar, porque amar es la mejor manera de vivir, empero, quizá el amor, sea algo distinto y más hermoso de lo que te contaron.

41. HACER LAS COSAS POR EL PLACER DE HACERLAS

¿Por qué no pensar así?..., ¿acaso el placer de hacer algo no es ya un pago?, quizá es el mejor salario, que por su carácter invisible pasó desapercibido. Disfrutar es muy importante, es más, el déficit de placer, se traducirá con el tiempo en enfermedad e infelicidad. Necesitamos disfrutar, como precisamos beber y alimentarnos. Sin embargo, nunca se nos enseñó a disfrutar, al contrario, parecería que disfrutar y sentir placer nos hace sospechosos, como si la Edad Media y su inquisición, ahora invisible, continuaran vigentes y la gente tendría que cuidarse de no disfrutar mucho.
No te enseñaron a disfrutar, porque saben que el placer originado en una capacidad de disfrute desarrollada nos ayuda a madurar, a mantenernos sanos, lúcidos, vitales. No te enseñaron a disfrutar,

porque el placer rompe miedos y amplía niveles de comprensión y lucidez. Necesitamos sentirnos cada vez más libres, más espontáneos, más confiados en nosotros mismos; precisamos aprender a disfrutar más la vida, pero no solo de las buenas noticias, eso es disfrutable por cualquier imbécil, sino de cada una de las circunstancias que nos toca vivir.

No nos enseñaron a disfrutar, la primera lección comienza superando la dependencia de las buenas noticias, de los buenos resultados, del ambiente favorable; comencemos a entrenarnos en la vida misma para disfrutar de todo lo que nos pase. ¿Por qué no?, ¿por qué no aprender a disfrutar las malas noticias y la ausencia de quien se marcha de nuestro lado, así como la pérdida de ese trabajo que hoy lamentamos y que mañana agradeceremos?, porque gracias a esa salida, podremos abrir nuevas puertas.

Aprender a disfrutar significa convertir la vida en una fiesta de crecimiento y creación, en una circunstancia multidimensional donde cada instante es una buena noticia, cada momento disfrutable, es no esperar nada de la vida y celebrarlo todo, es enamorarse de la vida plena pero no aferrarse absolutamente a nada, es cambiar lo que puede cambiar y aceptar de buen agrado lo que no puede cambiarse; es apasionarse por la vida sin apegarse a ella, para cuando tengamos que partir hacerlo como quien se apunta a una fiesta.

No nos quieren disfrutando por las razones que ya sabes, empero, nosotros como disidentes empedernidos, nos empecinaremos en mejorar cada día nuestra capacidad de disfrutar, imagínate que al partir te digan: "El Paraíso está reservado, para quienes disfrutaron en la Tierra".

42. ES PECADO NO SER FELIZ

Ocurre que tampoco nos enseñaron a ser felices, es más, nos programaron cuidadosamente desde la infancia para la infelicidad, por eso la abrumadora mayoría de la población mundial practica alguna de las variantes de infelicidad que existen actualmente.

Una característica de este modelo de sociedad es que no le asigna ninguna importancia a la felicidad. Permanece concentrada en multiplicar sus ganancias y con ese objetivo, invadir nuevos territorios, saquear las pocas zonas del planeta que aún quedan vírgenes y fabricar nuevos productos para continuar convenciéndonos que compremos lo que realmente no hace falta.

Entonces, la felicidad no está en sus planes, le viene mejor fomentar la infelicidad porque así, cuando estamos mal, podremos comprar lo que no necesitamos, como engañosa terapia para romper el aburrimiento, ese vacío existencial que se instaura en la gente, cada vez que uno se deja llevar por la corriente y comienza a vivir exclusivamente para trabajar, es decir, para hacer dinero y de esa manera poder continuar comprando lo innecesario.

De bebés somos felices y, para entonces, aún no nos habían enviado a la escuela, es decir, la felicidad es condición natural de existencia, por eso de niños somos felices, es parte de nuestra naturaleza; sin embargo, a medida que crecemos, si no hay felicidad en el hogar que nos tocó nacer, si vivimos rodeados de personas infelices, poco a poco esa lucecita se va apagando y comenzamos a interrumpir nuestra felicidad. Esto quedará más contundentemente bloqueado cuando enviamos al niño a la escuela, para estar gran parte del día a cargo generalmente de profesoras infelices, incapaces de transmitir buen ejemplo a los niños que están descubriendo el mundo a través de ellas, están descubriendo que también es posible ser infelices, que casi todos lo son. De esta manera, la inicial felicidad queda interrumpida y, a veces, nunca más se retoma con la naturalidad y la simplicidad con que éramos felices de niños.

No solo que no nos enseñaron a ser felices, sino que hicieron todo el protocolo teórico práctico de cómo ser infelices y lo lograron, vivimos en medio de gente mayoritariamente infeliz. Pobres y ricos, jóvenes y ancianos, mujeres y hombres, cada uno desarrolló un sistema propio de infelicidad, con lo cual el sistema está satisfecho. Ya sabemos que los infelices consumen más y tienen menos ganas de reflexionar y, por tanto, de darse cuenta del engaño en el que estamos inmersos, mientras no nos rebelemos.

43. PRECISAMOS UNA FILOSOFÍA PERSONAL PARA VIVIR EN ESTE TIEMPO

Hemos llegado al punto de dudar seriamente de esto que actualmente llamamos vida. La gente se está acostumbrando peligrosamente a sobrevivir en vez de una vida digna; hay quienes creen que adaptarse a todo lo nuevo, es un deber que tenemos, sin darse cuenta que no todas las novedades son positivas, es más, la mayoría tienen peligrosos efectos colaterales.

Adaptarse no siempre es una virtud, también puede ser síntoma de estupidez. Nuestro cuerpo puede adaptarse a cualquier droga, a cualquier vicio pero a costa de minar su vitalidad, deteriorar su equilibrio y destruir su capacidad inmunológica, de la cual dependemos imprescindiblemente.

En este contexto de turbulencia y abundancia de malas noticias, es necesario aprender a vivir sin perder la dignidad ni el rumbo de nuestra existencia. Es fundamental tener objetivos claros y maneras de lograrlos precisas, es necesario un buen plan de vida y, en definitiva, una filosofía de la cual podamos agarrarnos cuando las turbulencias de este tiempo afecten nuestra existencia.

Y cuando decimos filosofía nos referimos a ese conjunto de principios, de valores, de ideas y hábitos que tengamos, no ya mecánicamente y por imitación, como suele hacer la mayoría, sino como consecuencia de un acto consciente de darnos cuenta de quiénes somos y qué queremos. A partir de un autoconocimiento básico podremos organizar nuestra vida, respaldarla con esa filosofía personal, la cual nos dé el rumbo y la perspectiva. No precisamos poner nuestra vida, nunca más, en manos de alguien, terrestre o no, la vida nos fue dada y tenemos el deber de hacernos cargo de ella, empero hace falta prepararse integralmente, organizar el potencial que tenemos, formarse y transformarse, conocerse, aceptarse y aprender a disfrutarse.

Una filosofía personal es ese conjunto de conocimientos con los cuales tú, en el desierto de esta vida, te orientas y con base en esa filosofía, podrás dar sentido a tu vida, porque desde ella sabrás quién eres y lo que tienes que hacer. De esta manera, también, estarás vacunado contra la confusión y el pesimismo, contra el vacío y el consumismo, porque es posible vivir como soñamos, solo tenemos que tener el mapa de nuestra vida y la brújula que nos permita alcanzar nuestros mejores objetivos.

Tu filosofía la tendrás que hacer tú, a partir de lo que vas descubriendo que eres, de lo que quieres y de los objetivos que quieres lograr. Una filosofía personal buena es aquella que te ayuda a vivir mejor, que en los momentos difíciles te permite tomar el rumbo preciso, con la actitud adecuada y la alegría de quien sabe que está preparado para vivir una vida con plenitud.

44. UNA BOMBA SILENCIOSA

No quiero terminar este libro sin referirme rápidamente al tema demográfico que por sí solo, excluyendo todos los demás problemas, es suficiente para que colapse el planeta y terminemos comiéndonos unos a otros, mientras las ciudades, inmensas e ingobernables, multiplican su inseguridad al punto que salir de casa sea desaconsejable.

No hace falta caer en ningún sensacionalismo para darse cuenta que el problema es serio y pocos gobiernos se lo están planteando con la seriedad que requiere la situación. Se sabe que si ponemos muchos ratones en una caja, empiezan a comerse unos a otros, ese canibalismo originado en el desequilibrio de la explosión demográfica, no está lejos de ser una realidad en nuestro planeta, cuya población amenaza duplicarse cada 35 años, lo que significa que tenemos, como humanidad, los días contados, porque los recursos naturales de los que dependemos -la tierra que nos alimenta-, no se reproduce como lo hace la gente, por tanto, no podemos plantearnos un crecimiento ilimitado, en un medio limitado, cada vez más limitado.

Es necesario regular el crecimiento demográfico, es preciso que este tema, que tampoco se aborda en las escuelas ni universidades, pase a debatirse y compartirse a todo nivel, porque si continuamos reproduciéndonos al ritmo que vamos, no hay planeta que aguante, más aún con los niveles de consumo y generación de basura de los habitantes de países industrializados.

La humanidad tiene en esta época varios desafíos significativos y uno de los peores, porque proviene de nuestra manera de ser en este tiempo, tiene que ver con el crecimiento poblacional carente de toda regulación. Esto está a punto de traducirse en escasez de alimentos, de agua, de vivienda. Sabemos que la pobreza no se origina en el crecimiento demográfico pero este lo agrava; sabemos también que las causas son de carácter estructural y que China, ya hace tiempo, nos dio un buen ejemplo con sus políticas de control demográfico. Sabemos también que hay una injusta distribución de riquezas, que la pobreza continúa incrementándose cada año, que el desarrollo tecnológico beneficia fundamentalmente, en términos financieros, a muy pocas personas. Estamos convencidos que si no se detiene el crecimiento poblacional, en pocos años, los conflictos se habrán multiplicado.

Lo dijimos antes, hace falta otro sistema social más justo, más ecológico, más humano y en cualquier modelo de sociedad que elijamos vivir en el futuro, este tema deberá ser resuelto antes que sea demasiado tarde y nos convirtamos en células cancerosas para un planeta que se encaminará rumbo a su propia extinción.

Está claro que de esto tampoco se habla, que el tema demográfico es otro tabú, mientras como planeta nos acercamos a los límites del no—retorno, ese momento en que todo esfuerzo será vano y ningún arrepentimiento servirá de consuelo.

45. APRENDER A VIVIR, APRENDER A MORIR

En un mundo donde no se enseña a vivir a nadie, la mayoría sobrevive con lo que aprendió en la escuela. En una sociedad donde no se habla de la vida ni de la muerte, vivir se convierte en una rutina laboral intrascendénte que se amortigua con alguna eventual actividad recreativa. La gente vive para comprar, para tener una casa y luego llenarla de cosas y mientras logra esos objetivos materiales se le va la vida, la salud, el tiempo y solo le queda resignarse mirando cómo se le agota la vitalidad, a menudo, prematuramente, como consecuencia de haber vivido solo para trabajar. Es que nadie nos dijo en qué consistía la vida y cada uno hizo lo que pudo, lo que le dijeron, lo que vio hacer a todo el mundo.

Casi nadie aprende a vivir en toda la vida, sin embargo, se cree que vive porque camina y trabaja, porque come y descansa, cuando en verdad la vida es mucho más que eso. Así como no se aprendió a vivir, tampoco se aprenderá en toda la vida a morir, de manera que cuando llega la muerte, todos se conmocionan y se desesperan, se aferran a la vida y recién se dan cuenta que en realidad no estaban viviendo, que solo estaban haciendo lo mismo que hace todo el mundo, como en un rebaño de ovejas, las primeras caen al precipicio y luego las otras, todo el masivo rebaño, porque a ninguna se le ocurrió levantar la mirada, preguntarse, dudar del rumbo a seguir y rebelarse a tiempo.

Aprender a vivir es un arte sagrado que todos deben aprender y junto con ello, aprender a morir. A morir se aprenderá aprendiendo a vivir, porque quien aprendió a vivir no se aferra a la vida, la está viviendo tan plenamente, que la muerte es como la hora vespertina, un cambio para el cual estamos preparados, porque aprender a vivir incluye todo lo que debemos saber en la vida y la muerte, es uno de los mayores aprendizajes pendientes, para que sea como antes, una transición mágica y ritualmente apoyada, con nostalgia y sin dolor, porque sabemos que un requisito para la vida es la muerte, que una y otra son opuestos complementarios e inseparables.

Quizá nunca te hablaron directamente de aprender a vivir y a morir y, sin embargo, es ya tiempo de que te plantees ese aprendizaje, para evitar dolores innecesarios, porque todos somos condenados a muerte, más no sabemos cuándo nos llegará la hora, pero, simultáneamente, todos estamos condenados a la vida, es decir, a la felicidad y todas sus maravillas.

Todos nos vamos a morir, ya lo sabes, pero antes podrías hacer de tu vida tu mejor obra de arte, entonces tu muerte solo será el último capítulo de una novela vivida intensamente y con placer cotidiano.

46. SI TE SUICIDAS TE MATO

Hay muchas razones para suicidarse, pero hay una para no hacerlo: estaremos más tiempo muertos que vivos, no sabemos exactamente lo que viene después de la vida, es más, la muerte desde hace milenios es un misterio, imagínate que no existiera nada más…, ¿vale la pena suicidarse? Creo que no, aunque sea por si acaso. Además, la cita con la muerte, si te organizas bien, puede convertirse en algo espectacular y esto es más que tener mucho dinero o fama, es simplemente encontrar esa magia, ese sabor multidimensional, esa chispa que cuando la encontramos, nos enamoramos de la vida.

En vez de usar el suicidio en cualquiera de sus variantes, te propongo explorar la vida, se puede vivir de tantas maneras... Si ya no soportas la vida, es comprensible, pero tu cansancio se refiere a una forma de vivir, no hace falta suicidarse, suficiente con que cambies radicalmente tu manera de vivir y listo.

Tampoco hace falta recurrir a suicidios atenuados, de esos que lo hacen de a poquito, gradualmente, porque igual te vas a morir y es mejor refundar nuestra existencia y vivir tal como soñamos un día hacerlo.

Y si de todas maneras quieres hacerlo…, adelante, nada más recuerda que cuando tú te hayas marchado, la gente que te conocía, incluso tus seres queridos, continuarán sus vidas, su disfrute y tu ausencia gradualmente se tornará borrosa, hasta que un día ya nadie se acuerde del imbécil que un día, olvidando que somos condenados a muerte, se mató antes de tiempo.

47. APASIONATE DESAPEGADAMENTE

Tampoco te lo dijeron, pero la vida es la más maravillosa aventura a la cual hay que entregarse totalmente, viviendo instante a instante apasionadamente, pero sin aferrarse a nada. Puedes apasionarte siempre y cuando no te apegues a nada, a nadie, entonces podrás bailar distintos ritmos, porque la vida es movimiento, cambio, inseguridad y tenemos que estar preparados para ello.

Vive cada día como si fuera el último, porque un día realmente será el último; saborea cada momento como el caminante del desierto saborea un vaso de agua, es que la vida es así, escasa y sagrada, mágica y sorpresiva. Apasiónate, no te quedes con las ganas, olvida casi todo lo que te dijeron en la familia, en la escuela, descarta la opinión pública y elige cómo quieres vivir, sin que te influya nada más que aquello que tu elijas que te influya. Es tu vida y es lo único que tienes.

¿Viste cuántas cosas valiosas nunca nos enseñaron? Y al mismo tiempo, cuánta basura metieron en nuestra cabeza, cuánta contaminación reciben nuestros niños, cuánto mal ejemplo. Pero no nos desanimemos por las grietas del asfalto, continúa floreciendo la naturaleza, hagamos eso, por cada grieta de esta civilización absurda, en vez de queja, produzcamos una flor, un acto de ternura, una idea solidaria, un buen ejemplo. El resto, continuar disfrutando la vida, como si eso fuera lo único que tenemos que hacer y, al mismo tiempo, como si tuviéramos todo el tiempo del mundo, que en verdad tenemos, resumidos en este único día, que un día, será nuestro último día.

BIENVENIDOS LOS VALIENTES.
CHAMALÚ

San Paulo Diciembre 2011